Bibliografische Information der Deutschen Nationalbibliothek:

Die Deutsche Bibliothek verzeichnet diese Publikation in der Deutschen National-
bibliografie; detaillierte bibliografische Daten sind im Internet über http://dnb.d-
nb.de/ abrufbar.

Impressum:

Copyright © 2017 GRIN Verlag, Open Publishing GmbH
Druck und Bindung: Books on Demand GmbH, Norderstedt Germany
ISBN: 9783668438903

Dieses Buch bei GRIN:

http://www.grin.com/de/e-book/364612/prediction-markets-literaturueberblick-
und-vergleichende-analyse-zu-crowdvoting

Hendrik Tieben

**Prediction Markets. Literaturüberblick und vergleichen-
de Analyse zu Crowdvoting**

GRIN Verlag

GRIN - Your knowledge has value

Der GRIN Verlag publiziert seit 1998 wissenschaftliche Arbeiten von Studenten, Hochschullehrern und anderen Akademikern als eBook und gedrucktes Buch. Die Verlagswebsite www.grin.com ist die ideale Plattform zur Veröffentlichung von Hausarbeiten, Abschlussarbeiten, wissenschaftlichen Aufsätzen, Dissertationen und Fachbüchern.

Besuchen Sie uns im Internet:

http://www.grin.com/

http://www.facebook.com/grincom

http://www.twitter.com/grin_com

Professur für Wirtschaftsinformatik, insb. Digitale Märkte
Fachgebiet Wirtschaftsinformatik
Fakultät Wirtschaftswissenschaften
Universität Paderborn

Bachelorarbeit

Prediction Markets: Literaturüberblick und vergleichende Analyse zu Crowdvoting

von

Hendrik Tieben

Paderborn, 09.03.2017

Abstract – deutsch

Das Wissen der Masse ermöglicht Unternehmen diese kollektive Intelligenz zur Ideengewinnung oder zur Prognose bestimmter Geschehnisse zu nutzen.

Die Prediction Markets und das Crowdvoting machen von dieser Nutzung der kollektiven Intelligenz Gebrauch, und so können bestimmte Vorhersagen verschiedener Ereignisse durch die Preise dieser Aufträge akkurat prognostiziert werden. Das Crowdvoting nutzt die kollektive Intelligenz, indem durch die Teilnahme einer Vielzahl von Crowdvotern, eine Rangfolge oder eine Bewertung einer großen Anzahl von Daten erstellt werden kann.

Diese Bachelorarbeit vergleicht die beiden Techniken und stellt gewisse Vor- und Nachteile desjeweiligen Anwendungsgebiet heraus. Weiterhin werden Gemeinsamkeiten und Unterschiede dieser Ideenfindungs- oder Prognoseprozesse herausgearbeitet und näher erläutert.

Stichworte: Prediction Markets, Crowdvoting, Social Forecasting, Crowdsourcing, Wisdom of the Crowd

Abstract – englisch

The Wisdom of Crowds allows corporations to use the collective intelligence of the Crowd for their innovation process or as the case may be for the prediction of uncertain events.

Prediction Markets and Crowdvoting-Processes are using the collective Intelligence and this procedure allows Prediction Markets to predict events by indicating the Price of a single contract. The process of crowdvoting facilitates the ranking or the evaluation of huge amounts of data.

This bacheloar thesis is comparing these techniques and reveals certain advantages and disadvantages. Furthermore the similiarities and differences of this idea-filtering and prediction-processes are being carved out.

Keywords: Prediction Markets, Crowdvoting, Social Forecasting, Crowdsourcing, Wisdom of the Crowd

Inhaltsverzeichnis

Abkürzungsverzeichnis

CAP   Civil Air Patrol

CJF   Combined Judgmental Forecast

EWS   Early Warning System

FEMA   Federal Emergency Management Agency

IARPA   Intelligence Advanced Research Projects Activity

IEM   Iowa Electronic Market

IPO   Initial Public Offering

U.S. CFTS   U.S. Commodities Futures Trading Commission

WHO   World Health Organization

Abbildungsverzeichnis

Tabellenverzeichnis

1 Einleitung

Eine immer bedeutsamere und herausforderndere Aufgabe, denen Unternehmen oder Organisationen in unserer heutigen Zeit gegenüberstehen, ist die effiziente Anwendung und Einbeziehung von internen und externen Informationen, die den Wertschöpfungsprozess fördern können. Dabei wird gerade auf die Verwendung von internen Daten, die beispielsweise von Außendienstmitarbeitern oder Projektmitgliedern stammen, vertraut. Doch die Prognose- und Bewertungsakkuratesse von bestimmten Ereignissen oder Ideen wird oft präziser, wenn externe Daten einbezogen werden, da interne Mitarbeiter nicht immer Zugang zu allen relevanten Informationen haben und die Integration einer größeren Anzahl von externen Akteuren, die Abweichung einer Vorhersage minimiert [Arms01]. Externe Informationen werden üblicherweise in Gruppendiskussionen gewonnen, die es den Teilnehmern ermöglichen, ihre separaten Informationen zu teilen, wodurch auf eine größere Ansammlung von Informationen zugegriffen werden kann [Denn96].

Die steigende Anwendung und die Spannweite von Plattformen, die einen solchen Informationsaustausch ermöglichen, helfen Unternehmen, die externen Daten für ihre Prognosen zu nutzen. Diese Datennutzung kann oftmals sehr preiswert erfolgen. Dabei umfassen die Daten relevante Informationen, die eine hohe Brauchbarkeit für den weiteren Produktions- oder Wertschöpfungsprozess aufweisen. Doch auch die externen Akteure können von der Einbeziehung ihrer Daten profitieren, denn durch eine Entlohnung der unternehmensfremden Mitarbeiter kann die Qualität der individuellen Antworten oftmals erhöht werden [SSS10].

1.1 Problemstellung der Arbeit

Die Prediction Markets und die Crowdvoting Prozesse, die in dieser Arbeit detaillierter vorgestellt werden, verwenden den Gebrauch externer Informationen. Dabei sind die primitiven Gebrauchsweisen dieser Verfahren zunächst ähnlich, da jeweils von der kollektiven Intelligenz der Masse Gebrauch gemacht wird.

Bei genauerer Untersuchung lassen sich jedoch auch gewisse Unterschiede, beispielsweise in der Form der Anreizmechanismen, und differenzierte Anwendungsgebiete finden. Durch die Unterscheidung dieser beiden Methoden stellt sich die Frage, ob die primitiven Vorgehensweisen der Prediciton Markets und die des Crowdvotings generell miteinander gleichzusetzen sind, oder ob eine Gegensätzlichkeit existiert. Zudem stellt sich auch die grundsätzliche Frage, ob die Nutzung dieser kollektiven Intelligenz immer zu adäquaten Ergebnissen führt, oder ob Probleme bei der Verwendung dieser Crowd-basierten Techniken auftreten können.

Auch die Arbeitsweisen und –aufwände der Teilnehmer und der Unternehmungen eines bestimmten Ideenfindungsprozesses gilt es, näher zu recherchieren. Das wirft die Frage auf, ob eine bestimmte Vorgehensweise einen höheren Arbeitsaufwand darstellt, ob sie kosten- und zeiteinsparender ist, oder ob sie vergleichsweise zeitintensiv durchgeführt werden muss, um sinnreiche Informationen zu erhalten. Doch gerade diese Untersuchung führt auch zu der Überlegung, ob die Resultate, die diese Vorgehensweisen erzeugen, dem investierten Arbeitsaufwand gerecht werden.

1.2 Zielsetzung der Arbeit

Mit dieser Arbeit wird das Ziel verfolgt, die Funktionsweisen der beiden Techniken der Prediction Markets und des Crowdvotings näher zu detaillieren und sie soll dazu beitragen, einen ausführlichen Einblick in die Anwendbarkeit dieser Crowd-basierten Ideenfindungsprozesse zu gewinnen. Dabei sollen Beispiele aus bekannten Anwendungsgebieten dieser Verfahren dabei helfen, sich die Arbeitsweisen dieser Verfahren zu verinnerlichen.

Weiterhin sollen Vor- und Nachteile dieser Prozeduren vorgestellt und näher untersucht werden. Durch einen Einblick in die Literatur gilt es, diese beiden Techniken auf ihre Funktionalität zu überprüfen. Mithilfe dieser Einblicke soll dem Leser dieser Arbeit ein Überblick über die bereits recherchierte Literatur sowie dem aktuellen Forschungsstand der Prediction Markets und der Crowdvoting Prozesse gegeben werden.

Zudem ist es Ziel dieser Arbeit, die Gleichartigkeit der Prediction Markets in Bezug auf die Crowdvoting- und anderen Crowd-basierten Ideenfindungsprozesse näher zu analysieren. Dieser Vergleich soll die verschiedenartige Motivation der Teilnehmer illustrieren sowie den Kontrast der Anreizmechanismen darstellen. Zudem soll diese Analyse zeigen, ob beziehungsweise wie sehr sich die Prediction Markets und die Crowdvoting-Prozesse von anderen Ideenfindungsprozessen abgrenzen lassen.

1.3 Gliederung und Vorgehensweise

Diese Arbeit untergliedert sich in insgesamt fünf Hauptkapitel. Im **ersten Kapitel** soll an das Thema dieser wissenschaftlichen Arbeit herangeführt werden. Es beinhaltet die Problemstellung sowie die Zielsetzung dieser Untersuchung.

Im **zweiten Kapitel** folgen zunächst die theoretischen Grundlagen, von denen in dieser Arbeit Gebrauch gemacht wird. Zuerst werden die elementaren Definitionen und Konkretisierungen zugrunde gelegt.

Das **dritte Kapitel** fasst den aktuellen Stand der Forschung der jeweiligen Themengebiete zusammen. Dabei wird auf die heutige Anwendung und auf die Entwicklung der Methoden eingegangen. Es werden verschiedene Techniken für die Crowd-basierten Ideenfindungsprozesse erläutert. Weiterhin wird ein Überblick über die verschiedenen Literaturen, die sich in der Vergangenheit diesen Themen gewidmet haben, gegeben.

Im Fokus des **vierten Kapitels** steht die vergleichende Analyse der Prediction Markets zu den Crowdvoting Prozessen. Es stehen zunächst die separaten Analysen der beiden Anwendungsgebiete im Vordergrund. Anschließend werden die Prediction Markets mit dem Crowdvoting sowie dem Crowdrating und dem Crowdranking verglichen. Zusammenfassend werden die Ergebnisse dieser Analysen dargelegt.

Schließlich wird im **fünften Kapitel** der inhaltliche Abschluss dieser Arbeit abgebildet. Es beinhaltet ein Fazit und einen Ausblick in zukünftige Arbeitsgebiete.

2 Theoretische Grundlagen

In der Vergangenheit wurden Entscheidungen in verschiedenen Aufgabenbereichen häufig von individuellen Entscheidungsträgern oder Führungspositionen, also hauptsächlich von einer kleinen Anzahl von Menschen, getroffen. Unsere zunehmend digitaler-werdende Gesellschaft ist jedoch auf dem Weg, eine Vernetzung von nahezu allen möglichen „Dingen" zu generieren. Es wurde das sogenannte „Internet der Dinge" geschaffen, eine digital vernetzte Informationsarchitektur, die den Austausch von Waren und Dienstleistungen vereinfacht [Webe13]. Durch das Internet der Dinge werden immer mehr Bestandteile eines Produktions- oder Wertschöpfungsprozesses, wie beispielsweise die Produktion mit der Logistik, vernetzt. Dies ermöglicht die voranschreitende industrielle Revolution, auch Industrie 4.0 genannt [KLW11]. Durch die Industrie 4.0 und die dadurch zunehmende Vernetzung von Produktions- und Entscheidungsprozessen können mithilfe von intelligenter werdenden Geräten komplexere Aufgabengebiete und Entscheidungsfindungen unschwer an ein breites Publikum abgegeben werden, um eine größere Anzahl an Lösungsmöglichkeiten zu generieren.

Die Prinzipien der Prediction Markets und des Crowdvotings beziehen sich auf das kollektive Wissen der Masse, dem sogenannten *Wisdom of the Crowd*. Dieser kollektiven Intelligenz wird eine hohe Genauigkeit in der Vorhersage von möglichen Ereignissen sowie in der Bewertung von Lösungsalternativen unterstellt [HMAS15]. Auf das Lösen von Problemen oder der Entscheidungsunterstützung, durch die Hilfe der Crowd, wird schon seit einer langen Zeit vertraut, sowohl in den Politik-, als auch in den Sozialwissenschaften. Darunter ist beispielsweise die Gründung und die Zusammensetzung von modernen demokratischen Systemen zu verstehen [Pier00].

Für die bevorstehende Analyse dieser Arbeit widmet sich das zweite Kapitel den relevanten Grundlagen.

2.1 Grundlegende Definitionen und Konkretisierungen

Durch das Prinzip der Open Innovation können komplexe Aufgaben und Problemstellungen eines Unternehmens oder einer Organisation an eine Menge von Menschen gerichtet werden [RP09]. Eine solche Ausrichtung an eine Masse von Menschen wird effektiverweise online durchgeführt, da heutzutage eine digitale Verbindung zu einer Vielzahl von Menschen hergestellt werden kann. Diese Menschen können sowohl Kunden, als auch Zulieferer oder einfach nur Interessenten des Unternehmens oder des Aufgabengebietes sein. Die Menge der Menschen, die auch Crowd genannt wird, teilt ihre Vorschläge und Ideen zur Lösung eines genannten Problems mit. Die Unternehmungen haben dadurch eine Vielzahl von Lösungsvorschlägen, aus denen Durchschnittswerte ermittelt oder einzelne Lösungsvorschläge selektiert werden können [KG15]. Eine weitere Anwendung dieses kollektiven Wissens ist die Prognose einer Wahrscheinlichkeit eines Ereignisses. Durch diese Methodiken entstehen erhebliche Kostenreduzierungen sowie eine größere Auswahl an Ideen zur Bearbeitung eines Aufgabenbereiches. Sie sollen in diesem Kapitel konkretisiert werden.

2.1.1 Prediction Markets und das Social Forecasting

Die akkurate Vorhersage bestimmter zukünftiger Ereignisse erwies sich als ein komplexes Aufgabengebiet und als eine Herausforderung, denen Unternehmen heutzutage gegenüberstehen. Durch das Social Forecasting und durch die Prediction Markets wird es Entscheidungsträgern verschiedener Bereiche ermöglicht, akkurate Prognosen für das Eintreten eines bestimmten Ereignisses zu ermitteln. Durch eine Vielzahl von Preisabgaben für das Eintreffen einer Eventualität in der Zukunft, die von der Masse erzeugt werden, lassen sich einzelne Eintrittswahrscheinlichkeiten ermitteln. Prediction Markets sind also Terminmärkte, die den Hauptzweck haben, den Informationsinhalt aus den Marktpreisen zu nutzen, um eine Eintrittswahrscheinlichkeit zu berechnen [BR03].

Sollen zum Beispiel die Wahrscheinlichkeiten eines Wahlergebnisses oder auch einer Produktinnovation beurteilt werden, kann mithilfe eines Prediction Markets ein Preis für das Eintreten eines solchen Ereignisses festgelegt werden. Man zahlt diesen gewissen Preis. Bei tatsächlichem Eintreten des Ereignisses erhält der Händler beispielsweise 1$. Wenn dies nicht passiert, bekommt er auch kein Geld. Wenn der Preis also 0,68$ beträgt, so ist die Prognose der Teilnehmer, die diesen Preis zu zahlen bereit sind, mindestens 68%, dass dieses Ereignis tatsächlich in der Zukunft eintreten wird. Teilnehmer, die nicht bereit sind diesen Preis zu zahlen, verkaufen ihre bereits erworbenen Anteile, da sie vermuten, dass dieses Ereignis nicht eintreten wird und sie so noch einen geringen Profit erwirtschaften können [PS15]. Diese Kauf- und Verkaufsaktivitäten verändern kontinuierlich den Preis eines solchen Vertrages des Prediction Markets. Durch den Marktpreis lässt sich also simpel eine kumulierte Eintrittswahrscheinlichkeit aller Teilnehmer ablesen [Buck16]. Es wirkt ein monetärer Anreizmechanismus, und je höher der Preis, desto wahrscheinlicher ist auch das Eintreten dieses Ereignisses.

So lässt sich also durch die verschiedenen separaten Prognosen der Crowd eine präzise Gesamtprognose für das Eintreten eines Ereignisses berechnen.

2.1.2 Crowdsourcing und Crowdvoting

Mit der weltweit zunehmenden Globalisierung und durch simple und effektive Kontakt- und Transportmöglichkeiten entstand gegen Ende des 20. Jahrhunderts der Begriff des Outsourcings. Durch das Outsourcing werden gewisse Aufgabengebiete oder gesamte Arbeitsbereiche eines Unternehmens, oder einer Organisation an externe Dienstleister übergeben [GH05]. Der Begriff Crowdsourcing stellt eine neue Wortschöpfung aus den Wörtern Crowd und Outsourcing dar und geht auf Jeff Howe zurück [Howe08]. Allein durch die Wortzusammensetzung wird ersichtlich inwieweit sich das Crowdsourcing vom Outsourcing unterscheidet [LB11].

Durch den Begriff des Crowdsourcings wird die Schaffung eines Mehrwertes durch eine Beteiligung einer undefinierten Masse an Menschen verstanden [Howe06]. Das Crowdsourcing orientiert sich am Outsourcing in der Weise, dass bei diesem Verfahren Aufgaben oder Entscheidungsfindungen übertragen werden, jedoch nicht an externe Dienstleister in anderen Regionen, sondern an die Crowd, also an eine Masse von vielen Menschen. Einzelne Ansätze des Crowdsourcings sind bereits über einen Zeitraum von mehreren Jahrhunderten zu finden [Suro05]. Durch die zunehmende Digitalisierung und der Entstehung des Web 2.0 wurde diese Technologie jedoch stark begünstigt, da so die Möglichkeit besteht, eine Verbindung zu einer großen Gruppe von Menschen herzustellen [GS14].

Im Jahr 2006 definierte Jeff Howe das Crowdsourcing noch als ein Konzept, welches lediglich einen Nutzen für Unternehmen verspricht:

„...smart companies in industries as disparate as pharmaceuticals and television discover ways to tap the latent talent of the crowd. The labor isn't always free, but it costs a lot less than paying traditional employees. It's not outsourcing; it's Crowdsourcing" [Howe06].

Diese Einsicht umfasst jedoch nicht das elementare Crowdsourcing-Prinzip, denn dessen Anwendungen lässt sich auch außerhalb von Unternehmen finden und so hat Howe seine ursprüngliche Definition inzwischen verallgemeinert:

„Crowdsourcing is the act of taking a job traditionally performed by a designated agent (usually an employee) and outsourcing it to an undefined, generally large group of people in the form of an open call" [Howe10-ol].

Diese Verbindung zwischen den Auftraggebern, den sogenannten Crowdsourcern, zu den undefinierten Auftragnehmern, den sogenannten Crowdsourcees, geschieht üblicherweise in digitaler Form, da so jede Person mit einem Internetanschluss als Crowdworker fungieren kann [LZB14]. Unternehmungen können somit durch die kollektive Intelligenz der Masse, Lösungen für spezielle Fragestellungen generieren. Diese Einbeziehung von externen Akteuren im Leistungserstellungsprozess wird immer häufiger angewendet und durch die Aggregation der Antworten zahlreicher unabhängiger Teilnehmer wird die Leistungsfähigkeit der verschiedenen Crowdsourcing-Prozesse immer solider [Leim15].

Das Crowdsourcing stellt einen Oberbegriff für verschiedene Techniken dar: Das Crowdfunding, die Crowdcreation und das Crowdvoting. Das Crowdfunding ist eine Finanzierungsmöglichkeit, in der ein großer monetärer Betrag von sehr vielen verschiedenen Anlegern gegeben wird, die jeweils nur einen kleinen Betrag zusteuern. Somit stellt die Crowd monetäre Mittel für ein bestimmtes Projekt zur Verfügung und ermöglicht so dessen Umsetzung [Leim12]. Die Crowdcreation verlangt verhältnismäßig mehr Aufwand von seinen Teilnehmern. Hier wird eine konkrete Aufgabenstellung, wie zum Beispiel die Erstellung eines Produktes, an eine Crowd übergeben. Sie gilt als die am weitesten verbreitete Ausprägungsform des Crowdsourcings [MS12].

Durch das Crowdvoting werden die Crowdsourcees über ihre persönliche Meinung, beispielsweise über die Zufriedenheit eines Produktes oder einer Dienstleistung, befragt. Dies bedeutet, dass ein Kunde seine Produkterfahrungen bewerten muss. Die Crowd wird also zu Bewertungen, Abstimmungen, Meinungen oder Empfehlungen aufgerufen. Durch genauere Einzel-Ergebnisse kann wiederum ein präziserer Mittelwert gebildet werden, der eine möglichst genaue Bewertung eines Produktes widerspiegelt. Dieses Verfahren führt besonders in Auswahl- und Entscheidungsprozessen zu wirkungsvollen Ergebnissen und ist besonders dann effektiv, wenn eine große Datenmenge vorliegt, die es zu sortieren oder zu bewerten gilt [ARS08]. Diese Bewertungen können den Unternehmungen dabei helfen, beispielsweise Innovationsideen zu selektieren.

2.2   Crowd-basierte Techniken zur Ideenfindung

Laut [KG15] existieren bereits verschiedene Techniken, die zur Selektion von Ideen genutzt werden können. Diese verschiedenen Techniken können in bestimmte Kategorien separiert werden. Eine Übersicht dieser Kategorien wird in Abbildung 2.1 veranschaulicht. Diese Veranschaulichung zeigt, dass die Techniken zur Filterung von Ideen in author-, so wie content-basierte Techniken unterteilt werden.

Die author-basierten Filter Techniken selektieren Ideen, Artikel oder Beiträge nach dem Verfasser eines Textes. Die content-basierten Filter Techniken unterscheiden verschiedene Ideen nach ihrem Inhalt, einerseits mit algorithmischen Methoden, mit denen Daten maschinell ausgewertet werden können, woraus bestimmte Resultate gewonnen werden können, als auch mit crowd-basierten Filterungsverfahren, die sich die kollektive Intelligenz der Masse zu Nutze machen. Bei den crowd-basierten Filterungsverfahren werden Fragen direkt an den Menschen gerichtet, welcher seine Ideen zur Lösung eines bestimmten Problems dann mitteilen kann. Diesen Verfahren gilt besondere Aufmerksamkeit, da Menschen eine Frage tiefgehender verstehen können, als eine programmierte Software [KG15].

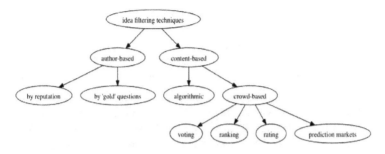

Abbildung 2.1:   *Idea Filtering Techniques [KG15]*

Die crowd-basierten Ideenfilterungstechniken unterteilen sich in vier verschiedene Verfahren. Das Wählen (*engl. voting*) verlangt lediglich eine Bewertung des Teilnehmers, ob eine Idee in seinem Sinne gut oder schlecht ist. Der Teilnehmer muss seine Entscheidung nicht erklären, sondern simpel abstimmen. Bei einer Rangordnung (*engl. ranking*) wird der Teilnehmer dazu aufgefordert, mehrere verschiedene Ideen, beispielsweise auf einer Skala von 1 bis x (x entspricht der gesamten Anzahl der Ideen) einzuordnen und so eine Rangordnung dieser Ideen zu erstellen. Ein weiteres Verfahren ist die Bewertung (*engl. rating*) verschiedener Ideen. Dabei wird beispielsweise ein 5 Sterne Schema verwendet, auf der ein Teilnehmer seine Ansicht zu einer Idee benotet. Dabei ist festzustellen, dass sich die Voting sowie Rating Techniken sehr ähnlich sind, da bei beiden Verfahren simpel bewertet wird, ob ein Produkt gut oder schlecht ist [KG15].

Weiterhin existieren die Prediction Markets, die bereits in Kapitel 2.1.1 näher erklärt wurden. Online bestehen sie seit etwa Mitte der 1990er Jahre [SWPG04]. Durch die Prediction Markets wird dessen Benutzern ein Anreiz gegeben, eine richtige Vorhersage zu treffen. Wirken viele Menschen an einem Prediction Market mit, indem sie ihre Einschätzung für das Eintreten eines Ereignisses mitteilen, können sehr genaue Prognosen erstellt werden.

Ein gewisser Anreizmechanismus, in Form von Geldmitteln oder auch in Form materieller Belohnungen, motiviert die Teilnehmer einer crowd-basierten Filterungsmethode von Ideen am ehesten dazu, ein gutes Ergebnis zu erzielen. Von einem solch belohnendem Verfahren machen vorwiegend die Prediction Markets Gebrauch. Nichtsdestotrotz ist auch eine Verwendung dieser Anreizmechanismen bei den Ranking- oder Voting-Prozessen nicht unüblich. Ein Vorteil dieser Methoden ist, dass der Teilnehmer nicht um seine Meinung nach allen Themen oder Ideen befragt werden muss, was einen höheren Zeit- und Arbeitsaufwand bedeuten würde, sondern, dass er nur eine Auswahl der seiner Meinung nach besten oder schlechtesten Ideen zu treffen hat. Garcia und Klein verdeutlichen diese Vorgehensweise in ihrem Artikel, indem man dem Teilnehmer eine Anzahl von zehn Sternen oder zehn Zitronen gibt. Der Teilnehmer wird dann dazu aufgefordert, diese Sterne den besten, oder die Zitronen den schlechtesten Ideen zuzuweisen. Dadurch wird das Engagement, Ideen zu selektieren, bei den Teilnehmern verstärkt, da der Arbeitseinsatz verringert wird. Das Aussortieren schlechter Ideen ist erfahrungsgemäß bequemer und einfacher als das Bewerten von guten Ideen [KG15].

Es wird also deutlich, dass Ideenfilterungstechniken effektiv von der Crowd durchgeführt werden können. Diese wissenschaftliche Arbeit verfolgt das Ziel, diese crowd-basierten Techniken der Ideenfindung miteinander zu vergleichen.

3 Literatur- und Forschungsüberblick

Die Entwicklungen der Prediction Markets und des Crowdvotings erstrecken sich über einen längeren Zeitraum, doch durch die Interkonnektivität unserer heutigen Gesellschaft finden diese Anwendungen zunehmenden Einsatz. Denn mit der Entwicklung von Internet-basierten Instrumenten erhöhen viele Unternehmen die Integration des Kunden in Arbeitsprozesse, wie beispielsweise der Ideengenerierung [Forb05].

Das dritte Kapitel widmet sich dem Stand der Forschung und dem Literaturüberblick der zu vergleichenden Themengebiete sowie dem generellen Wisdom of the Crowd.

3.1 Wisdom of the Crowd

Da die Verfahren, die in dieser Arbeit vorgestellt werden, das Wissen der Masse oder auch das Wisdom of the Crowd, in ihrer Funktionswiese heranziehen, wird die prinzipielle Vorgehensweise zu dessen Nutzung näher erläutert. Dazu wird ein Überblick über die verschiedenen Anwendungsweisen gegeben.

Das Prinzip der Nutzung des Wisdoms of the Crowd baut auf der Behauptung auf, dass kollektive Entscheidungen, die von einer großen Gruppe von Individuen getroffen werden, bei bestimmten Aufgaben- oder Problemstellungen, die Entscheidungen von einer kleinen Gruppe von Experten übertreffen [Suro05]. Die Sammlung von Informationen ist ein einleitender Schritt, um beispielsweise die Unternehmensmodellierung oder die Entscheidungsfindungsprozesse in ihrer Qualität zu verbessern. Diese Sammlung oder Aggregation der Informationen erfolgt beispielsweise durch die Zusammenarbeit von Kunden, Mitarbeitern und Managementanalytikern [BKV09].

Doch damit durch das Wissen der Masse auch genaue Resultate erzielt werden können, müssen bestimmte Aspekte berücksichtigt werden. Zum einen spielt die Unterschiedlichkeit der Teilnehmer eine wichtige Rolle, da diese Diversität benötigt wird, um valide und einheitliche Ergebnisse zu erzielen. Ein weiterer Aspekt bezieht sich auf die Unabhängigkeit der individuellen Teilnehmer einer Crowd und auf die geeignete Aggregation der verschiedenen Antworten [SS07]. Laut [Oina08] stellt diese Vorgehensweise der Nutzung des Wisdoms of the Crowd einen Mechanismus für die Lösung eines breiten Sortiments an Problemen dar. Dieser beinhaltet die Nutzbarmachung der Leistungen der Crowd, um das interne Wissen der Unternehmen generieren zu können. Indessen führt eine Ausbreitung und Verteilung der Fachkenntnis der involvierten Teilnehmer zu einer höheren Qualität der Endergebnisse [Vuko09].

In ihrer wissenschaftlichen Studie haben [HMAS15] die Anwendung des Wisdoms of the Crowd näher untersucht. Zunächst wurden acht Manager aus acht

Unternehmen interviewt. Dabei orientierte sich diese Vorgehensweise an dem zielgerichteten Auswahlverfahren von Creswell [CC07], in welchem die Teilnehmer nach dem Kriterium selektiert wurden, ob sie das Konzept des Wisdoms of the Crowd in ihren Unternehmen angewendet haben oder nicht. Die hieraus gewonnenen Erkenntnisse wurden im weiteren Verlauf der Untersuchung angewendet, indem 27 hochrangige Führungskräfte, die in verschiedenen Unternehmen und Arbeitsbereichen tätig waren, nach den Aspekten des Wisdoms of the Crowd befragt wurden [HMAS15].

Die Ergebnisse dieser Studie sind in Abbildung 3.1 in Form einer Mindmap dargestellt. So zeigt diese Übersicht, wodurch das Wisdom of the Crowd verhindert wird, von wem es normalerweise ausgeführt wird, in welchen Anwendungsfällen von diesem Wissen Gebrauch gemacht wird und welche Vorteile es bietet.

In seiner Aufzeichnung verdeutlicht [Epp17], dass Gruppen von individuellen Teilnehmern unter den richtigen Bedingungen sehr genaue Beurteilungen treffen können. Weiterhin untersucht er die Beeinflussung des Wisdoms of the Crowd in Bezug auf politische Geschehnisse. So existieren bereits Studien, die sich auf die Fähigkeit der Informationsverarbeitung von staatlichen Organisationen fokussieren. Doch die Fähigkeiten, die ein Gruppensystem erbringen kann, gilt es näher zu untersuchen. Die Resultate zeigen, dass Teilnehmergruppen effizienter in der Gewinnung von Informationsinhalten sind. Weiterhin zeigt [Epp17], dass es Gebiete in der Politikgestaltung gibt, in denen die kollektive Entscheidungsfindung eine wichtige Rolle spielt. In diesen Gebieten haben politische Entscheidungsträger also die Möglichkeit, das Wisdom of the Crowd zur Verbesserung der Ergebnisse zu nutzen [Epp17].

Diese Arbeit soll einen ersten Schritt zum Verständnis vom Wisdom of the Crowd als ein neues Wertschöpfungskonzept im Zeitalter der Digitalisierung darstellen.

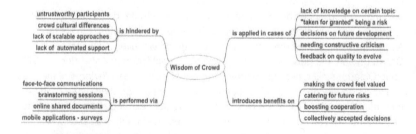

Abbildung 3.1:   *Mindmap zur Nutzung des Wisdom of the Crowd [HMAS15]*

3.2 Prediction Markets

Das Prinzip, Marktpreise zur Vorhersage von Ereignissen zu nutzen, wurde schon seit Beginn des 16. Jahrhunderts genutzt. In der zweiten Hälfte des 20. Jahrhunderts wurde es immer gefragter. Ausgelöst wurde die Beliebtheit dieser Prognosetechnik unter anderem durch die Markteffizienzhypothese und durch experimentelle Wirtschaftswissenschaften [PS82]. Durch die rasant wachsende Globalisierung sowie die Digitalisierung unserer Gesellschaft wurde der Wettbewerb in vielen Branchen enorm verschärft und hat Unternehmen dazu gefordert, ihre Geschäftsprozesse effektiver zu gestalten. Durch die zunehmende Digitalisierung, welche schnelle Kommunikationswege ermöglicht, wird es Nutzern und Unternehmen jedoch auch erleichtert, Preise von bestimmten Wertpapieren in Echtzeit zu übermitteln. Dadurch stieg das Interesse an der Nutzung von Märkten zur Vorhersage von Ereignissen.

Ökonomen haben lange diskutiert, ob Märkte nicht nur die Funktion eines Allokationsmechanismusses besitzen, sondern ob sie durch die Vergabe von Preisen auch bestimmte Informationen aggregieren und übermitteln können. Infolge dieser Überlegung stieg das Interesse an der Nutzung der Prediction Markets, welche Finanzmärkte sind, auf denen der Wert von dem Zustandekommen eines Ereignisses abhängt [PS15]. Theoretisch sollten die Prediction Markets durch das „No-trade Theorem" von Milgrom und Stokey behindert werden. Es besagt, dass, wenn Märkte im Gleichgewicht sind, es kein Handeln im Rausch *(engl. Noise trading)* gibt und potentielle Händler gewisse Informationen erlangen können, es keine Händler geben wird, die von der Nutzung dieser Informationen profitieren können [MS82]. Doch in der Praxis konnten äußerst erfolgreiche Ergebnisse in der Aggregation von Informationen und in der Vorhersage von zukünftigen Ereignissen erzielt werden [PC13]. Doch [GS80] verweisen auf den Konflikt der Prognose-Effizienz dieser Marktpreise und den Belohnungen, die die Teilnehmer für die Beschaffung von gewissen Informationen erhalten. Aufgrund dieser Konflikte untersuchen [PS15], ob diese Einflussfaktoren das grundlegende Marktverhalten beeinflussen, und, ob ein zunehmender Informationsschatz die Prognosefehler von Marktpreisen minimieren kann. Sie kommen zu der Annahme, dass die Überinvestition in Informationen, den Profit der teilnehmenden Händler schmälern könnte, aber sie verbessert interessanterweise auch die Prognoseakkuratesse der Marktpreise. Dieses Phänomen gibt einen ersten Schritt in der Interpretation, warum Prediction Markets in der Praxis so gut funktionieren. Sie aggregieren nicht nur die Informationen, sie motivieren die Teilnehmer ebenso, bedeutende und substantielle Informationen zu beschaffen. Diese Untersuchung hilft bei der Erklärung, warum die Prediction Markets kontinuierlich so präzise Vorhersagen aufstellen.

Aufgrund von Spekulations- sowie Manipulationsmöglichkeiten der Prediction

Markets hat die U.S. Commodities Futures Trading Commission[1] (U.S. CFTS) diese jedoch stark eingeschränkt [AFGH08]. Infolge dessen resultierte die Verwendung von Prediciton Markets mit Spielgeld, welches für Sachpreise eingetauscht werden kann [Bell09].

Märkte, auf denen mit Echtgeld und mit Spielgeld gehandelt wird, sind online seit etwa Mitte der 1990er Jahre für die Öffentlichkeit zugänglich und ihre Prognosegenauigkeit wurde genauer untersucht. Ein verbreiteter Glaube ist, dass Märkte, auf denen Händler mit ihrem eigenen Geld tätig sind, eine höhere Genauigkeit erzielen und bessere Vorhersagen aufstellen als Märkte, auf denen Händler keinem finanziellen Risiko ausgesetzt sind. Diese Vermutung baut auf der einfachen Behauptung auf, dass ein monetäres Risiko eine Voraussetzung für valide Ergebnisse von wirtschaftlichen Ereignissen ist. Doch während Teilnehmer der Echtgeld-Märkte einen monetären Anreiz haben, bieten Spielgeld Märkte interessante und begehrenswerte Belohnungen an, um die Handelsaktivität zu stärken [SWPG04].

In ihrer empirischen wissenschaftlichen Studie vergleichen [SWPG04] die Wirkungsweisen der Echtgeld- mit den Spielgeldmärkten. In der NFL Saison 2003 wurde ein Online-Experiment durchgeführt, welches die Vorhersagen von TradeSports[2] (Echtgeld) und NewsFutures[3] (Spielgeld) gegenüberstellt. Beide Märkte folgen einem binären System, das zwischen „ja" und „nein" beziehungsweise zwischen „richtig" und „falsch" differenziert. Es wurde also nach einem 2-Weg-Ergebnis gefragt, ob ein bestimmtes Team ein Spiel gewinnt oder nicht. Die Ergebnisse von 208 Beobachtungen zeigen, dass TradeSports eine Erfolgsquote von 65,9% (135 von 208 richtigen Ergebnissen) und NewsFutures von 66,8% (139 von 208 richtigen Ergebnissen) in der Siegprognose eines Footballspiels hatten. Demnach ist die Prognoseakkuratesse bei beiden Plattformen vergleichsweise identisch und akkurat. In Abbildung 3.2 wird diese genauer dargestellt. Nach Sichtung dieser Ergebnisse lässt sich herausstellen, dass beide Märkte, sowohl Echtgeld- als auch Spielgeldmärkte, eine höhere und bessere Prognosegenauigkeit erzielen können als individuelle Wirtschaftsprognostiker und, dass es keinen nennenswerten Unterschied in der Genauigkeit dieser beiden Märkte gibt [SWPG04].

---

[1] http://www.cftc.gov/index.htm

[2] https://en.wikipedia.org/wiki/TradeSports

[3] https://en.wikipedia.org/wiki/NewsFutures

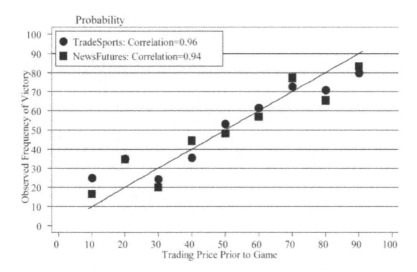

Abbildung 2.2:   *Prognosegenauigkeit: Marktvorhersage-Gewinnwahrschein-*
lichkeit und tatsächliches Ergebnis [SWPG04]

Durch Mängel in der Vergangenheit kam es zu eindeutig verständlichen Regeln
für die Gestaltung von Prediction Markets: Die Frage des Prediction Markets
muss klar definiert sein und es muss genügend Interesse in dieser Frage bestehen [SWZ13]. Angesehen wurden die Prediction Markets anfänglich durch ihre
sehr akkurate Vorhersage von Wahlergebnissen. Mit den Iowa Electronic Markets (IEM) haben Wissenschaftler 1988 begonnen, die Wahlanzahlen sowie die
einzelnen Siegchancen bestimmter Präsidentschaftskandidaten zu prognostizieren. Dies ermöglichte den Händlern, mit Terminverträgen, die sich auf die U.S.
Präsidentschaftswahlausgänge bezogen, zu handeln [FNNW92]. Während eines
Präsidentschaftswahlkampfes wurde den Teilnehmern des Prediction Markets
die Möglichkeit gegeben, sogenannte „Winner-takes-all"-Aufträge, die in Kapitel
4.2 näher erläutert werden, abzuschließen. In ihrer wissenschaftlichen Studie
sind [BR03] zu der Auffassung gekommen, dass der dadurch entstehende
Gleichgewichtspreis die vom Markt erzeugte Gewinnwahrscheinlichkeit eines bestimmten Präsidentschaftskandidaten widerspiegelt.

Aber auch in Unternehmen wie Hewlett-Packard oder Google werden die Prediction Markets immer relevanter, um bei unternehmensinternen Vorhersagen
zu helfen. Durch die steigende Anwendung dieser Märkte in verschieden Berei-
chen steigt auch das Interesse von Wirtschaftsprognostikern, diese Märkte anzuwenden. Weiter wird gezeigt, dass die Prediction Markets die Vorhersagen
der individuellen Wirtschaftsprognostiker, sowie die Prognose-Meinungsumfra-
gen (*engl. prediction polls*) in der Genauigkeit übertreffen, schwer manipulierbar

sind und Informationen von vielen individuellen Teilnehmern aggregieren [SWZ13].

Laut [VSLS10] sind Unternehmen und Organisationen auf die sogenannten Informanten wie zum Beispiel Handelsvertreter, Forschungsanalysten, Geschäftsführer oder Projektmitglieder zur Erstellung von Vorhersagen angewiesen. Die Qualität dieser Vorhersagen ist jedoch vorteilhafter, wenn sie von mehreren Informanten abhängig sind, da einzelne Informanten nicht immer Zugang zu allen relevanten Informationen haben und eine höhere Teilnehmerzahl die Fehler in der Gruppenvorhersage minimieren. Durch diese kumulierten Gruppenvorhersagen haben die einzelnen Informanten einen größeren Informationsschatz als die individuellen Experten, da die Informationen aus weit zerstreuten Quellen aggregiert werden können. Prediction Markets schließen diese Gruppenvorhersage also in ihre Funktionalität mit ein, da sie es den Informanten ermöglichen, ihre jeweiligen Informationen zu teilen, indem eine Belohnung für die Offenbarung von einzigartigen und besonderen Informationen ausgelegt wird [VSLS10].

Demnach muss ein effektiver Prediction Market drei Kriterien erfüllen: Er muss i) Belohnungen für die Suche nach Informationen, ii) Belohnungen für die Enthüllung von wertvollen, privaten Informationen und iii) einen Algorithmus für die Aggregation der Informationen bereitstellen [WZ04].

Die Anwendung der Prediction Markets erstreckt sich über ein weites Gebiet. Erfolgreiche Ergebnisse konnten bereits bei der Vorhersage mehrerer verschiedener Ereignisse gewonnen werden: Bei der Vorhersage von

- Wahlergebnissen, durch die bereits vorgestellten IEMs [BNR08],
- dem Erfolg von Kinofilmen, durch die Internet Plattform Hollywood Stock Exchange [Elbe07],
- Sportereignissen, wie in dem Beispiel der NFL Saison mit TradeSports und Newsfutures gezeigt wurde [SS09],
- Produktkonzepten und neuen Produktideen [SSS10]
- und von zukünftigen wirtschaftlichen Ausgängen.

Gerade die Nutzung dieser Märkte in Bezug auf politische Ereignisse hat viel Aufsehen erregt [RS04]. Doch auch außerhalb des politischen Bereiches sind Anbieter verschiedener Prediction Markets präsent. Die Plattform Hollywood Stock Exchange erfreut sich immer größerer Teilnahme und wird auch in der Prognoseakkuratesse immer genauer. Doch gerade in kleinen Märkten, die nur einige Tage oder Wochen andauern, ist auch die Anzahl der Informanten meist gering.

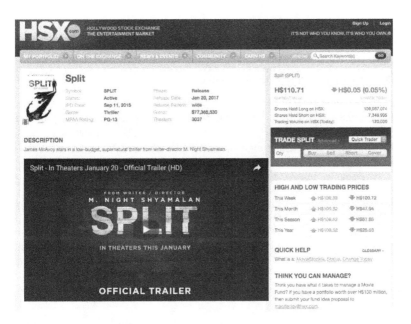

Abbildung 3.3:   Beispiel für die Kursentwicklung eines Films auf der Plattform Hollywood Stock Exchange[4]

Weiterhin handeln diese Informanten asynchron und eine sogenannte *double
auction* könnte weitere Handelsaktivitäten limitieren, was das Handelsinteresse
des Informanten verringern könnte. Eine *double auction* benötigt dabei ein pas-
sendes Angebot- und Nachfrage-Verhältnis, um einen Preis für einen *trade* generieren zu können. Aus diesem Grund wird bei der Plattform HSX ein bestimmter Kursmakler genutzt, der diese Mängel umgehen kann. Dieser verwendet einen Algorithmus, um automatische Preisangaben zu ermitteln. Dadurch
wird der Kauf und Verkauf von Handelspapieren zu jedem Zeitpunkt ermöglicht
[VSLS10]. Ein Beispiel für die Entwicklung des Aktienkurses des Kinofilmes
Split wird in Abbildung 3.3 gezeigt.

Es wird ein Preis für einen bestimmten Film angezeigt. Dieser Preis wird sich
kontinuierlich ändern und es sind bereits die höchsten und die niedrigsten Han-
delspreise der letzten Woche, des letzten Monats und des letzten Jahres ange-
geben. Ist ein Händler nun davon überzeugt, dass sich der Preis dieses Films,
aufgrund eines Anstieges der Zahl der Kinobesucher positiv verändern wird, so
kauft er Anteile dieses Films. Glaubt er, dass der Preis nicht mehr steigen oder
gar sinken wird, so verkauft er seine bereits erworbenen Anteile. Durch diese

---

[4] http://hsx.com

Kaufs- und Verkaufsaktivitäten entsteht ein Preis, der kontinuierlich schwankt. Dieser spiegelt die Erfolgsprognose eines Kinofilms wider.

3.3 Crowdsourcing und Crowdvoting

Der Prozess der Ideen- oder der Produktinnovation ist auf die Teilnahme der Individuen, die ihre kreativen Ideen mitteilen, angewiesen [ML15]. Infolgedessen wurde das Interesse bei den Unternehmen geweckt, zu verstehen, wie dieses externe Wissen am effektivsten in den Innovationsprozess miteingebunden werden kann [WB14]. Um wissenswerte Resultate bei einer größeren Crowd zu erzielen, sollten vier Aspekte dieser Crowd-basierten Verfahren berücksichtigt werden: Als erstes sollte man die Multikulturalität der Crowd miteinbeziehen, da diese Unterschiedlichkeit generell genutzt wird, um solide und einheitliche Ergebnisse zu erzielen.

Ein weiterer Aspekt bezieht sich auf die Unabhängigkeit der einzelnen Mitglieder einer Crowd. Abhängigkeit übt bekanntermaßen einen gewissen Druck auf die individuellen Ansichten und Perspektiven aus. Dieser Druck kann dabei auch unterbewusst ausgeübt werden, wenn einflussreiche Teilnehmer einer Crowd diese zu dirigieren versuchen.

Der dritte Aspekt bezieht sich auf die Dezentralisierung im Sinne der Spezialisierung bestimmter Teilnehmer in bestimmten Arbeitsbereichen. So können einzelne oder Gruppen von mehreren Mitwirkenden bestimmte Fragestellungen durch die Nutzung von Insider-Informationen effektiver beantworten. Zudem sollte auch noch der Aspekt einer geeigneten Aggregation dieser Insider-Informationen angewendet werden [SS07].

[GS14] fassen die verschiedenen Crowdsourcing Techniken zu einem sogenannten Crowdsourcing-Information-System zusammen, vgl. Abbildung 3.4. Demnach umfasst dieses Informationssystem nicht nur den Crowdvoting- bzw. den Crowdrating-Prozess sondern bezieht auch die Crowdcreation, das Crowdprocessing und das Crowdsolving mit ein. Bei dem Crowdprocessing-Prozess werden die Informationen von den verschiedenen mitgeteilten Beiträgen gesammelt und aggregiert. Das Crowdrating beziehungsweise das Crowdvoting umfasst lediglich die Zusammenfassung der vielen verschiedenen Stimmabgaben. Wenn genügend Stimmabgaben vorliegen, kann dieser Prozess daraus eine akkurate Folgerung schließen, die das Wissen der Masse widerspiegelt. Das Crowsolving sucht, ähnlich wie das Crowdprocessing, nach Informationen die jedoch von heterogenen Beiträgen stammen. Damit sind diese Beiträge qualitativ unterschiedlich und repräsentieren alternative Lösungen für ein Problem. Diese alternativen Lösungen sind prinzipiell als verschiedene Alternativen oder Gegensätze anzusehen. Bei der Crowdcreation wird von der Teilnahme einer Menge von Individuen ausgegangen, die den eigentlichen Arbeitsprozess leisten, dafür aber entsprechend entlohnt werden.

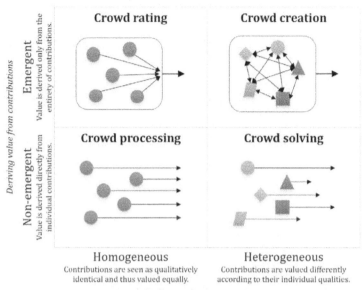

Diese vier Urformen des Crowdsourcing-Information-Systems verschaffen einen fundierten Überblick über die unterschiedlichen Ausprägungsformen des Crowd-sourcings [GS14].

Diese vorgestellten Crowdsourcing- bzw. Crowdvoting-Abläufe erfolgen üblicher-weise über Online-Plattformen, die die IT-gestützte Koordination übernehmen und den Wissenssuchenden mit dem Wissensanbieter zusammenführen [MLV08]. Diese Plattformen, die als Intermediäre zwischen Crowdsourcer und Crowdworker fungieren, spielen eine tragende Rolle, da sie den Unternehmen Zugang zu einem riesigen Pool an Ressourcen zur Verfügung stellen und somit die Bühne für die Crowdsourcing-Aktivitäten bilden [ZBL14]. Diese Vorgehens-weise wird in Abbildung 3.5 grafisch dargestellt. Mit zunehmendem Gebrauch der Crowdsourcingprozesse wächst auch die Zahl der Crowdsourcing-Intermediäre, die sich wiederum auf unterschiedliche Arten von Aufgaben, beispielsweise auf Designaufgaben, Softwareentwicklung und Softwaretests und die Ideenentwick-lung spezialisieren. Durch diese Intermediäre kann die Arbeit der individuellen Crowdworker für die unterschiedlichen Aufgaben genutzt werden [LZ13].

Rollen im Crowdsourcing-Prozess

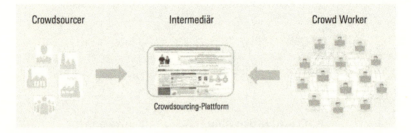

Abbildung 3.5: Rollen im Crowdsourcing-Prozess [Leim12]

Die Plattformen können auf bestimmte Merkmale und Ausprägungen untersucht werden. So bilden Microtask-Plattformen die Grundlage für die Crowdvoting-Prozesse, da auf diesen Plattformen überwiegend Aufgaben mit geringer Komplexität an die Crowd vergeben werden. Dabei müssen die Crowdworker auch nicht auf ein bestimmtes Gebiet spezialisiert sein, sondern können ihre Wahl intuitiv festlegen [HS03].

Mittlerweile bestehen weltweit über 2.300 solcher Plattformen[5], die auch für die Crowdworker zu einer immer wichtigeren Beschäftigungsmöglichkeit werden [LZD15]. Brancheninsider weisen inzwischen eine jährliche Verdoppelung der Plattformen auf [KN14]. Es wird deutlich, dass die Crowdsourcing-Prozesse eine immer wichtigere Rolle für Unternehmen, beispielsweise im Innovationsmanagement, spielen. Dadurch können sie ihre Kunden immer stärker in ihre Innovationsaktivitäten mit einbeziehen [RP09]. Die Wertschätzung dieser Prozesse nimmt auch in Deutschland stetig zu, obgleich dieses Konzept hier erst später aufgegriffen wurde als beispielweise in den USA [PWE12].

Auch die Zahl der Crowdworker ist beachtlich gewachsen. Unternehmen können für die vollständige Entwicklung eines Produktes auf verschiedene Crowdsourcing-Intermediäre zugreifen und so kann beispielsweise für die Entwicklung einer Softwareapplikation ein Anforderungskatalog oder ein Lastenheft durch eine Crowd-Befragung erstellt werden. Dadurch stieg die Anzahl der ausgeschriebenen Projekte auf der internationalen Plattform Elance[6] im Jahr 2013 um 65 Prozent und die Anzahl der Neuanmeldungen deutscher Freiberufler stieg sogar um 71 Prozent im Vergleich zum Vorjahr. Diese Zahlen lassen vermuten, dass die

---

[5] http://reports.crowdsourcing.org

[6] Elance ist nun unter dem Namen UpWork zu finden, vgl. https://www.upwork.com

Methoden zur Gewinnung von Fachkräften und Fachwissen durch diese beschriebenen Crowdsourcing Intermediäre ergänzt oder sogar vollständig ersetzt werden können [Weiß12-ol].

Die Tätigkeiten, die ein Crowdworker bewältigen muss, sind normalerweise mit einem geringen Aufwand, geringem Vorwissen und in der Regel mit wenigen „Klicks" im Internet zu erledigen. Beispielsweise erfolgt die Bewertung von Videos, Artikeln oder Blogeinträgen mit einem Klick auf „Gefällt mir" oder „Gefällt mir nicht" [SG09]. Doch die Einstufung von Ideen kann auch Fehler aufwerfen und nicht immer zum gewünschten Ergebnis führen. Der Vergleich von zwei Ideen oder Produkten ist das wohl einfachste Vorgehen, um die Relevanz dieser zu messen. [KKS16] haben das Problem der Aggregation und die Gewinnung einer globalen Einstufung von Paarvergleichen in ihrer Studie untersucht, da diese Klassifizierung für gewisse Crowdsourcing-Systeme immer interessanter wird. In diesen Systemen werden binäre zu vergleichende Abfragen genutzt, um Beurteilungen oder präzise Ranglisten, beispielsweise von Produkt- oder Innovationsideen, zu erstellen. [KKS14] haben dazu einen Lern-Algorithmus erstellt, um verborgene Klassifizierungen aus einer festgelegten Anzahl an Paarvergleichen zu finden. Weitergehend haben [KKS16] an diesem Arbeitsschritt angeknüpft, indem ein neuer aktiver Lern-Algorithmus vorgestellt wurde, der für die Sammlung von Informationen bei verschiedenen Crowdsourcing-Plattformen angewendet werden kann.

Dieser Algorithmus hilft nicht nur bei der Gewinnung einer präzisen Rangordnung von Ideen. Durch ihn wird auch die Anzahl der Tätigkeiten, die ein Auftraggeber bewältigen muss, minimiert. Durch diese Arbeitseinsparung können Kosten in den Crowdsourcing-Systemen reduziert werden. Diese aktiven Lern-Algorithmen zielen darauf ab, informationsreiche Paarvergleiche wiederholend zu selektieren und sie zu kennzeichnen, um eine hohe Genauigkeit in der Bewertung bestimmter Ideen zu erzielen [KKS16].

Eine Kategorisierung der verschiedenen Crowdsourcing-Projekte kann unter folgenden Punkten erfolgen:

- Kategorisierung nach dem Innovationscharakter
- Kategorisierung auf Basis der Wertaktivitäten
- Kategorisierung auf Basis der Motivationsstruktur
- Kategorisierung auf Basis des Anwendungsgebiets
- Kategorisierung auf Basis der Art und der Nutzung des Beitrags

So wird festgestellt, dass Projekte mit einem hohen Innovationscharakter, Projekte sind, bei denen die Crowd Ideen erzeugt, wie es bei der Crowdcreation der Fall ist, oder bewertet, wie es beim Crowdvoting angewendet wird [HH12]. Wird auf Basis der Wertaktivitäten kategorisiert, beziehen sich die Crowdsourcing-Aktivitäten auf die verschiedenen Unternehmensfunktionen beziehungsweise auf

Aufgaben, die es zu erledigen gilt, wie zum Beispiel Design und Innovation, Entwicklung und Tests oder Marketing [Vuko09].

Eine weitere Kategorisierung erfolgt nach der Motivationsstruktur und berücksichtigt dabei die Komplexität der Aufgabe als ein bedeutsames Entscheidungskriterium. Die Motivationsstruktur bezieht sich auf die Motivation der Crowd, eine Aufgabe zu lösen [Rous10].

Die Kategorisierungsvariante auf Basis des Anwendungsgebietes greift laut [YKL11] etwas weiter und bezieht sich auf die Anwendung von Bewertungen, Informationsteilungen, sozialen Spielen oder kreativen Aufgaben. Informationsteilungen erfolgen durch Websites, auf denen private Nutzer Informationen erstellen und teilen können. Ein sehr bekanntes Beispiel ist die Online-Enzyklopädie Wikipedia. Hier werden die individuellen Teilnehmer der Crowd aktiv, indem sie Beiträge verfassen oder die Beiträge anderer Crowdworker verbessern oder ergänzen [Howe08]. Die sozialen Spiele beschreiben eine neue Form der Problemlösung, in der Teilnehmer in Form eines Online-Spiels dazu motiviert werden, ein Problem zu bewältigen [YKL11].

Eine Kategorisierung nach der Art und Nutzung des Beitrages wird in Abbildung 3.2 veranschaulicht. So wird zum einen zwischen dem homogenen und den heterogenen Charakter einer Plattform unterschieden, und zum anderen, ob der Nutzen der Beiträge auftauchend (*engl. emergent*) oder nicht auftauchend ist. Folgt eine Plattform einem homogenen System, so sind die Beiträge oder Lösungen für das genannte Problem gleichwertig. Bei heterogenen Systemen stehen dagegen die individuellen Lösungen im Vordergrund. Sind Beiträge eines Systems auftauchend, haben die Lösungsvorschläge eine Beziehung zueinander und können nicht isoliert betrachtet werden. Bei nicht auftauchenden Beiträgen wird hingegen jeder Lösungsvorschlag einzeln und unabhängig von den anderen Vorschlägen betrachtet [GRFS12].

Anwendung finden diese Ideen Filter Techniken in vielen bekannten Unternehmen und Bewertungsportalen wie beispielsweise Amazon oder der App-Store Apples. So ruft Amazon seine Kunden dazu auf, gekaufte Produkte mittels eines Five-Star-Ratings zu bewerten. Bei hervorragender, nicht zu bemängelnder Qualität werden also fünf Sterne und bei absoluter Unzufriedenheit nur ein Stern vergeben. Diese Bewertungen können sich auf verschiedene Komponenten des Produktes beziehen, beispielsweise auf die Lieferzeit, die Artikelbeschreibung, oder der Ausstattung des Artikels. Durch viele abgegebene Bewertungen lässt sich dann ein Mittelwert bilden, der die Qualität dieses Produktes widerspiegelt. So besagt zum Beispiel eine Bewertung eines Produktes mit 4,6 von 5 Sternen, dass Kunden äußerst positive Produkterfahrungen gemacht haben. Eine Bewertung von nur 1,3 von 5 Sternen hingegen zeigt, dass dieses Produkt eher Unzufriedenheit erzeugt. Dadurch erhält Amazon Bewertungsergebnisse, die genutzt werden können, um präzise Kaufempfehlungen aussprechen zu können. Zahl-lose Bewertungsportale haben das Crowdvoting im Kern ihres Geschäftsmodells etabliert [Leim12].

Es wird also deutlich, dass die Prediction Markets und die Crowdsourcing-Pro-zesse bereits in der Vergangenheit bei der Ermittlung von Prognosen oder Rang-ordnungen von Ideen genutzt wurden. Doch die Unterschiede in der Anwendung führen zu der Frage, inwieweit sich diese Methoden miteinander vergleichen las-sen. Diese Frage soll im weiteren Kapitel dieser Arbeit aufgegriffen werden.

4   Gegenüberstellung der Crowd-basierten Vorhersage und Bewertungsverfahren

Durch die Nutzung der kollektiven Intelligenz erzielen die Prediction Markets sowie das Crowdvoting Vorhersagen oder Bewertungen für spezielle Fragestellungen. Doch der bereits vorgestellte Literaturüberblick weist differenzierte Anwendungsgebiete dieser Vorgehensweisen auf.

Das vierte Kapitel dieser Bachelorarbeit beinhaltet eine vergleichende Analyse über wissenschaftliche Studien zu den Prediction Markets sowie zu den Crowdvoting Prozessen. Diese Verfahren und Techniken haben in unserer heutigen Zeit eine immer größer werdende Bedeutung im Rahmen der Entscheidungsfindung. Die Einsatzmöglichkeiten werden immer umfangreicher und durch eine steigende Mitarbeit der Crowd immer präziser. Aus diesem Grund gibt es aktuell eine große Anzahl von Untersuchungen, die diese Konzepte erforschen sowie Vor- und Nachteile abwägen. Diese werden nachfolgend veranschaulicht und gegenübergestellt.

4.1   Aufbau und Durchführung der Analyse

In dieser Analyse werden zunächst die Funktionsweisen der Konzepte der Prediction Markets und des Crowdvotings beschrieben. In Kapitel 2 wurde bereits erwähnt, wie diese Techniken grundlegend konkretisiert wurden und in Kapitel 3 wurde der Stand der Forschung sowie eine Literaturübersicht über die verschiedenen Anwendungsgebiete präsentiert. Im weiteren Teil werden verschiedene Techniken dieser Verfahren untersucht und anhand von Beispielen genauer erklärt. Anschließend werden die Anwendungsgebiete der Prediction Markets und des Crowdvotings miteinander und mit weiteren Crowd-basierten Ideenfindungsprozessen verglichen. Im abschließenden Teil dieser Analyse werden die Ergebnisse zusammengefasst.

4.1.1   Untersuchung der Prediction Markets und des Social Forecastings

Mit Hilfe des Social Forecastings und der Prediction Markets werden Vorhersagen zu dem Eintreffen eines Ereignisses prognostiziert. Vom Social Forecasting wird laut [GG88] überwiegend in nichtlinearen und unübersichtlichen Anwendungsgebieten Gebrauch gemacht. Durch die Komprimierung und Eingrenzung von Problemen oder Aufgaben, die in einem solchen Bereich auftreten können, kann die Effizienz in der Ermittlung einer Prognose erhöht werden, was den Anwendern eine bessere Entscheidungsfindung ermöglicht.

Prediction Markets wurden laut [SWZ13] bereits seit längerer Zeit eingesetzt, um die Wahrscheinlichkeit des Eintreffens von Ereignissen, wie politischen Wahlen, Sportevents oder auch von wirtschaftlichen Geschehnissen, genauer vorhersagen zu können. In ihrer wissenschaftlichen Studie wird sichtbar, wie effektiv und attraktiv die Anwendung der Prediction Markets ist. Sie gliedern schnell neue Informationen ein und sind schwer zu manipulieren. Ferner schreiben [SWZ13], dass Märkte generell einen geringeren statistischen Fehler aufweisen als professionelle Wirtschaftsprognostiker und Umfragen. Es wird also die Genauigkeit dieser Technik hervorgehoben. Im Wesentlichen visualisiert der Preis eines sogenannten Auftrages die Einschätzung der Wahrscheinlichkeit dieses Ereignisses, wie bereits in Kapitel 2.1 erläutert wurde.

Die Abbildung 4.1 stellt drei verschiedene Prinzipien der Prediction Markets dar. Ein „Winner-takes-all"-Auftrag hat einen bestimmten Preis und entlohnt den Teilnehmer mit einem festgesetzten Betrag, sollte dieses Ereignis tatsächlich eintreten. Der „Index"-Auftrag dagegen hat eine unbekannte Entlohnung, welche sich an der Wahrscheinlichkeit eines Resultates orientiert. Der Preis eines solchen Auftrages repräsentiert die Einschätzung des Marktes zum Eintreffen dieser Eventualität. Ein weiteres Prinzip sind die „Spread"-Aufträge. Sie ermöglichen dem Betrachter, eine genaue Messung der Tendenz eines Marktes zu entlocken. Diese Aufträge haben einen feststehenden Preis und feststehende Erträge, wenn sich das Eintreten dieses Ereignisses in einer gewissen Preisdifferenz (engl. spread) befindet. Wenngleich all diese Formen von Aufträgen effektiv genutzt werden können, sind die „Winner-takes-all"-Aufträge aufgrund ihrer simplen Anwendbarkeit und ihrer einfachen Verständlichkeit am populärsten. Das hängt größtenteils damit zusammen, dass diese „Winner-takes-all"-Aufträge für die Marktteilnehmer am simpelsten zu verstehen und unkompliziert strukturiert sind [SWZ13].

Contract	Example	Details	Reveals Market Expectation of...
Winner-takes-all	Outcome y: Level of initial unemployment claims (in thousands).	Contract costs $\$p$. Pays $\$1$ if and only if event y occurs. Bid according to the value of $\$p$.	Probability that outcome y occurs.
Index	Contract pays $\$1$ for every 1,000 initial unemployment claims.	Contract pays $\$ y$.	Mean value of outcome y: $\mathbb{E}[y]$.
Spread	Contract pays even money if initial unemployment claims are greater than y^*.	Contract costs $\$1$. Pays $\$2$ if $y > y^*$. Pays $\$0$ otherwise. Bid according to the the value of y^*	Median value of outcome y.

Abbildung 4.1:   Standardtypen der Prediction Markets [WZ04]

In ihrer wissenschaftlichen Studie haben [VSLS10] die Kombination der individuell beurteilenden Aussagen, die im Weiteren mit CJF abgekürzt werden, den Prediction Markets gegenübergestellt. Diese beurteilenden Aussagen, die die Antworten mehrerer Teilnehmer kombinieren, arbeiten mit Algorithmen, die simple Durchschnittswerte ermitteln. Sie werden genutzt, wenn individuelle Informanten nicht interagieren und ihre Informationen nicht geteilt oder getauscht werden. Demnach erzeugen alle Teilnehmer Prognosen, die in einer Kategorie zusammengefasst werden können. Diese Vorgehensweise verhindert also den Informationsaustausch der einzelnen Teilnehmer [GKO05].

Diese Gegenüberstellung beinhaltet drei Schlüsselinformationen, nach denen differenziert wird: Die Sammlung, die Verbreitung und die Aggregation von Informationen. Für die Informationssammlung der CJFs stellen Informanten Prognosen für verschiedene Ereignisse bereit. Doch diese Vorhersagen greifen nur auf einen limitierten Einsatz von Denkoperationen zu, die potentiell zu voreingenommenen Beurteilungen führen können [GKO05]. Informanten könnten eine Erklärung dafür haben, Informationen nicht wahrheitsgemäß preiszugeben [KSA93]. Bei den Prediction Markets werden die Informationen durch die Handelsaktivitäten auf dem Markt gesammelt. Teilnehmer nutzen den Marktpreis als Handelskriterium, sie kaufen Anteile, wenn der Preis niedrig ist und verkaufen Anteile, wenn der Preis hoch ist. Weiterhin stellt ein Prediction Market Anonymität sowie Belohnungen für die Offenbarung von einzigartigen Informationen bereit [Ostr05].

Vergleicht man nach der Verbreitung der Informationen, so basieren die Informationen der CJFs und der Prediction Markets auf den öffentlichen sowie den privaten Informationen. In den CJFs werden unabhängig Informationen von jedem Teilnehmer gesammelt, doch diese können ihre Ansichten nicht in Abhängigkeit der Ansichten anderer Teilnehmer bewerten. Die Grundlage der Prediction Markets beruht auf dem Tausch von Informationen. Beispielsweise kann eine allgemeine Bewertung der gesamten Händler dazu führen, dass einzelne Informanten ihre individuellen Prognosen umgestalten, was zu einer Veränderung der kollektiven Prognose führt [Plot00]. Durch ihre Handelsaktivitäten offenbaren die Teilnehmer private sowie einzigartige Informationen und die Preise eines Auftrages berücksichtigen all diese relevanten Informationen der einzelnen Teilnehmer [Haye45]. Die primäre Leistung dieser Märkte beinhaltet also die Vereinfachung des Informationsaustausches [PLGN01]. Wenn einige Teilnehmer besonderen Zugang zu Insider-Informationen haben, reflektieren die Preise diese, sodass prinzipiell alle Teilnehmer Zugang zu diesen Informationen haben [Gros81]. Doch durch diese Vorgehensweise entstehen möglichenfalls Risiken in der Bewertung individueller Informationen. Einzelne Teilnehmer könnten mehr Bedeutung in die Informationen anderer Teilnehmer setzen, wodurch sie ihre privaten, möglicherweise hochwertigeren, Information unterbewerten. Doch diese Mangelhaftigkeiten stellen in der Regel eine Ausnahme dar, und es kann prinzipiell auf die Funktionsweise dieser Märkte vertraut werden [Malk03].

Durch die Aggregation der Informationen werden die individuellen Prognosen zu einer kombinierten Prognose zusammengefasst. In der Vorgehensweise der CJFs ist der individuelle Teilnehmer durch die Ermittlung von einfachen Durchschnittswerten für die Aggregation zuständig. Ein Nachteil, der bei dieser Verfahrensweise auftreten kann, ist die mehrfache Erfassung von Informationen, die größtenteils identisch sind [CFH04]. In einem Prediction Market werden die Aggregation, die Verbreitung und die Konfliktbewältigung simultan durchgeführt. Dabei reflektiert das Marktgleichgewicht eine große Anzahl von Informationen, anders als die, die nur für individuelle Händler verfügbar sind [PS88]. Eine mögliche Schwäche dabei ist, dass die Handelsaktivitäten von den Erwartungen der jeweiligen Händler abhängen, und dass diese Erwartungen nicht notwendigerweise der Realität entsprechen. Dennoch aggregieren diese Märkte effizient diverse Informationen [BR03].

[ARSS15] haben in ihrer empirischen wissenschaftlichen Studie die Resultate eines ersten groß angelegten Experiments zu den Prediction Markets und den sogenannten Prediction Polls dokumentiert, wobei sich das Experiment über einen längeren Zeitraum erstreckte. Über 2.400 Teilnehmer haben in diesem Experiment Vorhersagen zu 261 verschiedenen Ereignissen getroffen.

In einem Prediction Market werden dessen partizipierenden Händler von monetären Anreizen motiviert, Anteile zu kaufen und zu verkaufen. Dieses Verfahren wird des Öfteren von Unternehmungen angewendet, um geopolitische Fragen, Fortschritte von Projekten sowie Absatzzahlen von Produkten zu prognostizieren. Bei den Prediction Polls werden Prognostiker dazu aufgefordert, ihre Einschätzung zum Eintreffen eines Ereignisses abzugeben. Dabei können diese Prognostiker ihre Meinung zu jedem Zeitpunkt ändern. Sie stehen dabei in einem Wettbewerb mit vielen Prognostikern, wodurch sich eine Rivalität entwickelt, die anspornend wirken kann. Diese Prediction Polls wurden zum einen von unabhängigen Individuen und zum andere von Gruppen mit etwa 15 Mitgliedern durchgeführt.

Dieses wettbewerbsähnliche Experiment wurde von der IARPA[7] finanziell unterstützt und dauerte von 2011 bis 2015 [ARSS15]. Um die beiden Techniken zu differenzieren, wurde ihre Genauigkeit anhand des sogenannten Brier Scores, welcher sich als eine geeignete Bewertungsmethode erwies, gemessen [Brie50].

Händler in einem Prediction Market haben „mesh-networks" entwickelt, in denen Informationen in Form von abgegebenen Angeboten untereinander ausgetauscht

---

[7] https://www.iarpa.gov

wurden. Während des zweiten und dritten Jahres dieses Zeitraumes, vom 19. Juni 2012 bis zum 10. April 2013 und vom 1. August 2013 bis zum 10. Mai 2014, wurden diese Untersuchungen durchgeführt. Eine Übersicht der bevölkerungsstatistischen Daten und der Verhaltensweisen der Teilnehmer wurde in Tabelle 4.1 festgehalten [ARSS15].

In den Prediction Markets waren die Kosten jedes Auftrages zwischen 0$ und 1$, abhängig von der Wahrscheinlichkeit seines Eintretens. Der entsprechende Auftrag konnte anschließend für 1$ verkauft werden, wenn das Ereignis eingetreten ist, und wurde andernfalls wertlos. Die Preisentwicklung über die Zeit sowie das Auftragsbuch, welches die sechs höchsten und die sechs niedrigsten Preisabgaben festhielt, waren zu jedem Zeitpunkt frei einsehbar. Bei den beiden Prediction Polls Varianten erstellten ihre Mitwirkenden Vorhersagen über die Wahrscheinlichkeit des Eintreffens eines Ereignisses mithilfe von Umfrageergebnissen. Die Genauigkeit dieser Resultate wurde wieder mit dem Brier Score gemessen.

	Prediction Markets	Prediction Polls: Teams	Prediction Polls: Individuuen
Teilnehmer mit mind. einer Transaktion oder 30 Vorhersagen	535	565	595
Geschlecht (% männlich)	84%	83%	82%
Durchschnittliches Alter (in Jahren)	35.9	35.1	35.8
Ausbildung (% mit einer erweiterten Ausbildung)	63%	65%	62%
Anteil der Teilnehmer mit mind. einer Transaktion oder Vorhersage	76%	81%	85%
Schwundquote	11%	14%	18%

Tabelle 4.1:   *Anzahl der Teilnehmer der verschiedenen Methoden zur Erhebung der Daten [ARSS15]*

In dieser Studie hat die relative Genauigkeit der Prediction Markets die der Prediction Polls signifikant überboten. Demnach waren Prediction Markets um 22% genauer als die Prediction Polls, die im Team durchgeführt wurden und um 30% genauer als die, die von unabhängigen Individuen durchgeführt wurden (gemessen am Brier Score). Die kombinierten Prediction Poll Vorhersagen waren jedoch genauer als die der Prediction Markets. Die Kombination der beiden Prediction Polls wird dabei statistisch gesehen. Die kombinierten Daten spiegeln dabei den zeitlichen Verfall, verschiedene Gewichtungen und die Neu-Kalibrierung wider [ARSS15].

Predicton Markets zeigen im Vergleich zu den gesonderten Prediction Polls jedoch, dass sie besser funktionieren. Im Verlauf der Probezeit, in der die Daten erhoben wurden, ließ sich bei den Prediciton Markets nur ein halb so großer Vorhersagefehler ermitteln wie bei den Prediction Polls [BFNR08]. Zusammengefasst lassen sich mit den Prediciton Markets vorteilhaftere Vorhersagen von zukünftigen Ereignissen erstellen. Prediction Polls beinhalten vereinzelt jedoch zusätzliche Informationen, gerade wenn es sich um einen Wettkampf zweier Kandidaten handelt, in dem ein Kandidat den anderen dominiert [ARSS15].

In jüngster Vergangenheit haben diverse Unternehmen eine immer aggressivere Nutzung der Prediction Markets angewendet, um beispielsweise eine Hilfestellung bei internen Vorhersagen zu generieren. Drei Beispiele zu diesen Vorgehensweisen werden nachfolgend geschildert, um einen tieferen Einblick in die Praxisanwendung dieser Methodik zu geben.

In ihrer grundlegenden Untersuchung ließen [CP02] acht verschiedene Prediction Markets bei dem bekannten PC- und Druckerhersteller Hewlett-Packard durchlaufen. Sie halfen bei der Erfassung wichtiger Daten, wie die vierteljährlichen Verkaufszahlen für Drucker und Zubehör. Die Ergebnisse dieser Versuche zeigen, dass die Prediction Markets viel genauer in der Vorhersage waren als offizielle, individuelle Wirtschaftsprognostiker dieses Unternehmens [CP02]. Eine weitere Anwendung eines Prediction Markets wurde bei der Internet-Suchmaschine Google untersucht. In einer empirischen Studie wurden Daten von 270 verschiedenen Prediction Markets analysiert. Generell ließ sich auch hier eine hohe Genauigkeit in der Vorhersage von Ereignissen ermitteln. Zudem lieferten diese Märkte auch Vorhersagen, die unter anderen Umständen schwer zu erfassen gewesen wären. Weiter konnten bestimmbare Verhaltensweisen von einigen Marktpreisen ermitteln werden, die bei der Gestaltung zukünftiger Preise helfen können [CWZ09].

Das dritte Beispiel beinhaltet die Anwendung von mehreren Prediciton Markets um den Börsenwert von Google am Ende des ersten Handelstages zu ermitteln. Diese Vorhersagen wurden mit einer Auktion verglichen, die Google in der Vergangenheit genutzt hat, um ihre IPO-Preise festzusetzen. Demnach lieferten die Prediction Markets achtbare Ergebnisse. Ihre Prognose war um nur 4% höher als der tatsächliche Börsenwert, wobei der IPO-Preis 15% darunterlag. Hätte Google ihren IPO-Preis basierend auf der Vorhersage der Prediction Markets festgelegt, so hätten zusätzlich 225 Millionen Dollar erwirtschaftet werden können [BNR09].

Doch weiterhin gibt es auch Beispiele für die Anwendung der Prediction Markets, die in der Prognoseakkuratesse keine genauen Ergebnisse erzielen konnten. In ihrer wissenschaftlichen Arbeit haben [HH16] im Februar 2016, also vor Ausgang der Präsidentschaftswahlen in den USA, die Wählbarkeit der einzelnen Präsidentschaftsbewerber mithilfe der Prediction Markets statistisch gemessen. Die Daten wurden von Betfair[8], einer Online-Plattform, welche für die Durchführung der Prediction Markets zuständig war, zur Verfügung gestellt. Differenziert wird zunächst nach den möglichen Kandidaten der Republikaner und der Demokraten. Die Ergebnisse dieser Märkte zeigen eine Anzahl von wahrscheinlicheren und unwahrscheinlicheren Kandidaten für die Präsidentschaftswahl.

Nach Auswertung dieser Ergebnisse fällt Donald Trump mit nur 25,7% in die Kategorie der unwahrscheinlicheren Kandidaten. Hillary Clinton hingegen ist eine recht wahrscheinliche Kandidatin und erzielt eine Wahrscheinlichkeit von 65,7% [HH16]. Zusammenfassend wird herausgearbeitet, dass Marco Rubio und Jeb Bush die wahrscheinlichsten Präsidentschaftskandidaten der Republikaner, und Hillary Clinton die wahrscheinlichste Präsidentschaftskandidatin der Demokraten ist. Weiterhin wird behauptet, dass Hillary Clinton den Präsidentschaftswahlkampf gewinnen wird, da der Markt eine hohe Wahrscheinlichkeit ermittelt hat, dass die Partei der Republikaner jemanden nominieren wird, der relativ unwahrscheinlich gegen sie gewinnen wird. Zudem befürworten diese Vorhersagen die Theorie der rationalen Entscheidungen von Downs: „In Demokratien bildet die aggregierte Verteilung der politischen Ansichten eine Glockenkurve, in der die meisten Wähler moderate Ansichten vertreten, welche die Kandidaten dann dazu anreizt, diese Ansichten zu adoptieren, um gewählt zu werden." [Down57].

Nach Ausgang der Präsidentschaftswahlen erwiesen sich die Ergebnisse dieses Prediction Markets als ungenau. Letztendlich hat der höchst unwahrscheinliche Kandidat der Partei der Republikaner, Donald Trump, den Wahlkampf gewonnen. Dabei ist diese Fehlprognose jedoch nicht unbedingt auf eine Fehlfunktion des Marktes, sondern auf der Tatsache, dass ein sehr unwahrscheinliches Ergebnis, entgegen allen Erwartungen, eingetreten ist, zurückzuführen.

In ihrer wissenschaftlichen Studie präsentieren [ECS16] die Gestaltung eines Prediction Market-Systems und die Anwendung dieses Marktes in der Vorhersage für Tendenzen von ansteckenden Krankheiten. Es existiert bereits eine

---

[8] https://www.betfair.com/de

beachtliche Anzahl an Anbietern, die für die Durchführung eines Prediction Markets kreiert wurden, wie etwa HedgeStreet Exchange[9] oder iPredict[10].

Betrachtet wird die Prognose der Ausbreitung von ansteckenden Krankheiten, durch die Tausende von Menschen jedes Jahr ihr Leben verlieren. Die World Health Organization (WHO) berichtet von der höchst ansteckenden Krankheit Cholera und zeigt, dass jährlich 1,4 bis 4,3 Millionen Fälle erfasst werden, von denen 28.000 bis142.000 tödlich ausgehen [WHO12-ol]. Diese Zahlen erweisen sich als drastisch, da bereits gut eingeführte und effektiv ausgeführte Vorbeuge- und Behandlungsprogramme existieren, um Cholera zu bekämpfen. Deshalb ist die Erschaffung eines effektiven Systems notwendig, das in der Lage ist, Tendenzen für ansteckende Krankheiten zu überwachen und zu prognostizieren.

Es bestehen bereits Modelle für die Vorhersage von Epidemien [ZCW00]. Gesundheitsforscher nutzen dabei Überwachungssysteme, die Early Warning Systems (EWS) genannt werden, um Tendenzen einer Epidemie erkennen zu können. Doch diese EWS weisen Schwierigkeiten bei der Gewinnung von nützlichen epidemiologischen Daten auf. Um diese Vorhersagesysteme effektiver zu gestalten, müssen drei Schwierigkeiten überwunden werden: es müssen Echtzeitdaten bereitstehen, das Wissen und die Erfahrungen von einzelnen Experten muss aggregiert werden und Langzeitvorhersagen müssen erstellt werden können. Um diese Probleme zu bewältigen, soll ein Prediction Market angewendet werden, der das Wisdom of the Crowd sammeln und relevante Daten und Informationen erneuern kann [PNN07].

Für diesen Prediction Market wurde eine internetbasierte Plattform erstellt, so dass Teilnehmer Daten online abrufen können. Diese Webanwendung stellt einige Funktionen für die Teilnehmer bereit, um in dem Prediction Market zu interagieren [ECS16]:

1. Die Markt-Monitoring-Ansicht zeigt Echtzeitinformationen einer Prognose, wie beispielsweise die aktuellsten Sachverhalte oder historische Tendenzen in der Verbreitung von Krankheiten.
2. Die Auftrags-Ansicht lässt Teilnehmer eine Transaktion tätigen und diese können spezifische Krankheiten, Indikatoren oder Regionen als Prognoseziel auswählen.
3. Die Auftragsbilanz-Ansicht zeigt die Details eines Auftrages, wie die Anzahl und Höhe der Investitionen, die die Teilnehmer getätigt haben.
4. Die Ansicht der Rangliste verschafft einen Überblick über die

---

[9] https://www.nadex.com

[10] http://www.ipredict.co.nz

Händler, die die besten Ergebnisse erzielt haben.

5. Die Registrations-Ansicht hilft neuen Benutzern, sich für den Prediction Market zu registrieren.

Nach Auswertung der Ergebnisse zeigt dieser Prediction Market einen geringen Prognosefehler, was wiederum eine hohe Prognosegenauigkeit bedeutet. In 701 von 1.085, also in knapp 65% aller Prognosen konnten akkurate Ergebnisse ermittelt werden [ECS16].

Diese Anwendung eines Prediction Markets zeigt, dass die Märkte nicht nur für wirtschaftliche Geschehnisse angewendet werden können, sondern dass sie auch wichtige Fragestellungen wie die Frühwarnung einer Krankheit prognostizieren können. Durch eine Prognose einer Krankheit lassen sich Vorbeugemaßnahmen treffen und das Krankheitsausmaß kann entsprechend minimiert werden.

4.1.2 Untersuchung des Crowdvotings

Durch neue Technologien, die den Informationsaustausch, die Kommunikation und die Zusammenarbeit der Mitwirkenden enorm vereinfachen, hat sich die Rolle des Kunden im Innovationsprozess elementar geändert [SVP05]. Die dadurch entstandene „Crowd Innovation", ist demnach zu einem immer wichtigeren Thema für Unternehmen geworden, um nicht nur bestehende Kunden, sondern auch große Massen von potenziellen, zukünftigen Kunden, in ihre Wertschöpfungsprozesse zu integrieren [PS12]. Demnach spielt Crowdsourcing eine immer wichtigere Rolle im Innovationsmanagement. Im Rahmen der Integration der Crowdsourcees, in beispielsweise den frühen Phasen im Innovationsprozess, werden Kunden durch einen offenen Aufruf dazu aufgefordert, Ideen für neue Produktentwicklungen zu erschaffen. Dies geschieht üblicherweise durch IT-gestützte Ideenwettbewerbe [LHBK09] oder durch virtuelle Ideen-Communities [Bret11]. Durch diese Beteiligung der Crowdworker entstehen viele unterschiedliche Meinungen, die unabhängig voneinander eingebracht werden. So kann auf eine Vielzahl von unterschiedlichen Wissensquellen zugegriffen werden [MS12]. Durch den Prozess des Crowdvotings können die verschiedenen Meinungen dann geordnet werden und so können die von der Crowd gewählten, besten Innovationsideen selektiert und gesondert betrachtet werden.

Michael Hirschorn, Vizepräsidet des amerikanischen Fernsehsenders VH1 und Schöpfer der darauf publizierten Sendung Web Junk 20[11], machte von der Funktionsweise des Crowdvotings Gebrauch. Für diese Show wurden anfangs die

---

[11] http://www.tv.com/shows/web-junk-20/

bestbewerteten Videos von YouTube oder anderen Online-Video Portalen aggregiert und simpel und kosteneffizient im Fernsehen abgespielt. Dieses primitive
Verfahren versprach einen überraschend hohen Erfolg. In der ersten Staffel hatte
diese Show eine durchschnittliche Einschaltquote von einer halben Millionen Zu-
schauer. Infolge des unumstrittenen Erfolges dieser Sendung produzierte VH1
eine neue Online-Show namens „Air to the Throne". Diese war ein Wettbewerb,
in dem es darum ging, die besten Luftgitarristen, die ihre Leistung online zur Be-
urteilung bereitstellten, zu rangieren. Dabei galt die Crowd nicht nur als Talent-
schmiede, die es zu bewerten galt, sondern ebenfalls als Jury für die Leistungen
anderer Teilnehmer. Demnach nutze VH1 die Crowdsourcingprozesse der Crowdcreation sowie des Crowdvotings. Die Gewinner dieses Online-Wettbewerbs
durften dann in der bekannten VH1 Rock Honors Show[12] im Fernsehen auftreten.
Diese Anwendung der Crowdcreation und des Crowdvotings konnte eine ver-
nehmbare Senkung der Kosten sowie eine mühelose Durchführung erreichen
[Howe06].

Durch die steigende Benutzung der Crowdvoting-Verfahren, wird es für ein Unternehmen rentabler, Kunden in ihre Wertschöpfungsprozesse zu integrieren.
Doch weil eine immer größer werdende Anzahl an Crowdworkern sichtbar wird,
wird es für Unternehmen vorteilhafter, Crowdvoting-Prozesse in Verbindung mit
gewissen Anreizmechanismen jeglicher Form zu bringen, um die Qualität der
Vielzahl an Bewertungen zu steigern [SSS10]. Beispielsweise kann für die Teilnahme einer zeitintensiven Umfrage ein gewisser Sachpreis, wie ein Amazon-
Gutschein oder Ähnlichem, ausgestellt werden, um die Motivation der Wähler an
der Teilnahme zu steigern.

Der generelle Erfolg der Crowdsourcing-Prozesse wird durch dessen Anwendung in zwei verschiedenen Naturkatastrophen gezeigt. In der Vergangenheit haben bereits große Unternehmen, wie Amazon, IBM, General Electric und Pepsi
von der Leistungsfähigkeit des Crowdsourcings profitieren können, indem Probleme gelöst werden konnten, die durch die Teilnahme der Crowd effizientere Ergebnisse vorwiesen [WS15]. Mit diesem Hintergedanken untersucht [Ricc16] in
welcher Weise die Crowdsourcing-Aktivitäten bei Katastropheneinsätzen genutzt
wurden und stellt Möglichkeiten vor, in denen sogenannte Katastrophen-Manager von diesen wirkungsvollen Ideengewinnungsprozessen profitieren.

Japanische Ingenieure haben das Crowdsourcing bereits während der Nukle-
arkatastrophe von Fukushima verwendet [YZFR14], und die United States Civil
Air Patrol (CAP) und die Federal Emergency Management Agency (FEMA) konnten im Verlauf des schweren Hurrikans Sandy im Jahr 2012 Luftaufnahmen
„crowdsourcen", also der Öffentlichkeit bereitstellen [MES13]. Doch die beiden

---

[12] https://en.wikipedia.org/wiki/VH1_Rock_Honors

Naturkatastrophen, in denen der Gebrauch des Crowdsourcings näher untersucht werden konnte, waren das zerstörerische Erdbeben, welches die Insel Haiti am 12. Januar 2010 erschütterte, sowie die Flutkatastrophe, die sich im September 2013 in dem US-Bundesstaat Colorado zugetragen hat.

Eine der verheerendsten Naturkatastrophen, die Haiti je traf, war das Erdbeben mit der Stärke 7.0, durch welches mehr als 230.000 Menschen ihr Leben verloren. Der wirtschaftliche Schaden betrug über 13 Milliarden US-Dollar und fast 1,5 Millionen Menschen verloren ihre Heimat [SP11]. Doch während dieses tragischen Desasters konnten Leben gerettet und Ressourcen wie Nahrungsmittel und Medizin koordiniert vertrieben werden durch den freiwilligen Einsatz von Crowdsourcing-Operationen, die schnell Einsatz fanden. Überall auf der Welt fanden sich Individuen zusammen und haben die benötigten Hilfsmittel rapide gesammelt und Haiti zur Verfügung gestellt. Trotz des katastrophalen Erdbebens hatten 85% der Einwohner Haitis Zugang zu einem Mobiltelefon oder waren in der Lage, soziale Medien zu nutzen [HW10]. Diese Möglichkeit der Konnektivität wurde von der Crowdsourcing Organisation Mission 4636[13] bereitgestellt, die sich schnell für die Unterstützung der Hilfsmaßnahmen einsetzte und Hilfeanfragen der Opfer empfing, übersetzte und koordinierte [Munr12]. Dieses Anwendungsbeispiel des Crowdsourcings kann als Vorlage gesehen werden. Durch diese Anwendung können zukünftige Katastrophen-Manager schnell handeln und größere Schäden vermieden werden. Zum Zeitpunkt der Naturkatastrophe in Haiti wurde das Open-Source-Kartografie-Programm „Ushahdi"[14] genutzt. Ursprünglich wurde diese Software für Kenianer entworfen, um Vorkommnisse von Hass oder Gewalt in sozialen Medien zu sichten. Doch es wurde in Haiti zu einem wertvollen Hilfsmittel, um beispielsweise Daten zu sammeln oder Bilder und Geolokationen zu teilen [HW10].

Bei einem weiteren Desaster hätten durch die Anwendung des Crowdsourcings erhebliche Schäden vermieden werden können. Im Juni 2013 brach ein massiver Großflächenbrand nördlich der Großstadt Colorado Springs aus. Dieses Feuer hat 486 Häuser und nahezu 50 Quadratkilometer Land zerstört. Zwei Menschen verloren ihr Leben und die Versicherungsansprüche betrugen fast 420 Millionen US-Dollar. Repräsentanten der Brandbekämpfung haben dieses Feuer als ein vorhersehbares Desaster eingestuft, denn durch jahrelange Trockenperioden und durch eine unterlassene Aufrechterhaltung und Pflege der Wälder war dieses Großfeuer unausweichlich. Bis heute ist es das zerstörerischste Feuer, das Colorado je erlebt hat [Pike14].

Im September 2011 wurde im Bundesstaat Colorado eine weitere Notlage ausgerufen. Verantwortlich waren immense Fluten. Der Gouverneur Colorados hat

---

[13] http://www.mission4636.org

[14] https://www.ushahidi.com

für 24 Landkreise den Notstand ausgerufen. Folge dieser Flut war, dass 18.000 Menschen ihre Heimat evakuieren mussten, 218 Personen verletzt wurden und, dass mehr als 1.800 Häuser zerstört wurden [SDAC16]. Während dieser Überflutung hat der Katastrophenschutz des Landkreises eine Homepage errichtet, auf der Geschädigte Bilder von den erfolgten Schäden teilen konnten. Dadurch konnten Ersthelfer effektiver und in kürzester Zeit bestimmte Teams zur Schadensbehebung zuordnen. Die Motivation an Crowdsourcing Aktivitäten teilzunehmen, wird dabei auch durch das Bestreben nach Kontrolle bestärkt. So zeigt dieses Beispiel der Flutkatastrophe in Colorado, dass die individuellen Betroffenen, die teilgenommen haben, ein Verlangen danach hatten, eine gewisse Kontrolle über das Desaster, in dem sie sich befanden, zu haben [Ricc16].

Relevante Daten können dabei nicht nur von Katastrophen-Managern in dem betroffenen Gebiet stammen, sie können von Individuen aus der ganzen Welt kommen. Das ist die wahre Macht des Crowdsourcings: Menschen mit verschiedenem Fachwissen kommen von überall auf dem Kontinent zusammen und können gemeinsam und schnell an einer komplexen Aufgabenstellung arbeiten. Während des Erdbebens in Haiti haben freiwillige Helfer aus den USA und aus Kanada Berichte und Meldungen von betroffenen Personen übersetzt. Diese Informationen wurden an weitere Helfer gesendet, die die verschiedenen Entwicklungen der Katastrophe, wie Mängel an Nahrungsmitteln, Wasser oder Elektrizität, zusammenfassen und einordnen konnten [HW10]. Ein weiterer, anreizender Anlass, Crowdsourcing zu nutzen, ist, dass die Technologie zur Anwendung dieser Technik bereits existiert. So gibt es zahlreiche Softwares, die den Gebrauch der Crowdsourcing Aktivitäten verbessern können. Doch die essentiellen Anforderungen beziehen sich dabei auf die Individuen, die motiviert sind, in Naturkatastrophen behilflich zu sein, und die in irgendeiner Form einen Zugang zum Internet haben. Das Crowdsourcing erlaubt den Katastrophen-Managern also, hilfreiche Ideen zu sammeln und die angebotene Hilfe zu koordinieren. Diese angebotene Hilfe beinhaltet oft auch wertvolle und einzigartige Informationen für weitere, schadensmindernde Operationen [YP11].

Beim Crowdsourcing werden verschiedene Aufgabengebiete und auch Wertschöpfungsaktivitäten an eine undefinierte Masse an Menschen ausgelagert, wie bereits in Kapitel 2.1.2 näher erläutert wurde. Es macht unter anderem von Social Media Anwendungen Gebrauch, in denen Nutzer sich untereinander austauschen können.

Beim Crowdvoting macht man von den Bewertungen oder Abstimmungen der Crowd Gebrauch. Durch das Auswerten dieser Bewertungsergebnisse lassen sich zahlreiche Informationen gewinnen, beispielsweise, um Kaufempfehlungen aussprechen zu können oder um die Beliebtheit eines Produktes messbar zu machen, vergleiche am Beispiel Amazons in Kapitel 3.2. Dabei steigt die Genauigkeit dieser Bewertungsergebnisse mit der Anzahl der Teilnehmer. Nimmt nur eine kleine Anzahl an Menschen an einer Bewertung teil, so ist die Aussagekraft eines Ergebnisses dieser Bewertung unmaßgeblich. Ist die Teilnehmerzahl jedoch sehr groß, so lassen sich statistische Mittelwerte bilden, die eine gute Einschätzung bieten.

Laut [DD13] haben verschiedene große Unternehmen bereits essentielle Erfahrungen mit dem Crowdvoting sammeln können. Beispielsweise spielt die Integration des Kunden in den Wertschöpfungsprozess für den multinationalen Getränke- und Lebensmittelkonzern Danone eine wichtige Rolle. Das Unternehmen hat seine Verbraucher dazu angeregt, sie in der Kreation von Geschmacksrichtungen für Eisdesserts mittels Crowdvoting zu unterstützen. Dabei wurden die Kunden lediglich nach der Priorisierung verschiedener Geschmacksrichtungen befragt. Dieser Arbeitsablauf zeigte eine beeindruckende Wirkung: Im Jahr 2006 haben 400.000 Konsumenten an der Abstimmung teilgenommen und im Jahr 2011 lagen mehr als doppelt so viele Stimmabgaben vor.

Der Lebensmittelhersteller Michel & Augustin hat seine Kunden ebenfalls stets in den Entwicklungsprozessen ihrer Lebensmittel miteinbezogen. In Frankreich, dem Land der Produktion, hat das Unternehmen seine Türen jeweils am ersten Donnerstag des Monats für sämtliche Konsumenten geöffnet. An dieser Möglichkeit nahmen üblicherweise 50 bis 200 Kunden teil. So können Produkte auch an den Kunden getestet werden und durch ihre Bewertungen neue Produktideen oder Geschmacksrichtungen entwickelt werden. Durch die Entwicklung des Web 2.0 sowie durch verschiedene soziale Netzwerke hat sich diese Integration des Konsumenten und die Möglichkeit der Online-Kommunikation zunehmend vereinfacht [DD13].

Ein weiteres Unternehmen, das vom Crowdvoting Gebrauch macht, ist der Lebensmittelhersteller Lays. Zunächst wurde den Konsumenten die Möglichkeit gegeben, neue Geschmacksrichtungen für Kartoffelchips zu kreieren, wobei man bereits in diesem Schritt von einer Form des Crowdsourcings Gebrauch mache, nämlich der Crowdcreation. Daran nahmen 245.825 Kunden teil. Über einen Zeitraum von acht Wochen hat man weitere Kunden dazu aufgefordert, eine Anzahl von den verschiedenen Geschmacksrichtungen zu benoten, wodurch insgesamt 134.581 Bewertungen gesammelt werden konnten. Die Sieger dieses Crowdvoting-Prozesses wurden entsprechend belohnt. Verkauft wurden die Produkte ab dem 3. Oktober 2011 und die Namen der Erzeuger der siegenden Geschmacksrichtungen wurden auf den Verpackungen der Produkte veröffentlicht. Zusätzlich erhielten die jeweiligen Gewinner eine finanzielle Belohnung von 25.000 EUR und 1% des Umsatzes des jeweiligen Produktes für ein Jahr [DD13].

Durch die Tätigkeit des Kunden Produkte zu bewerten, entspricht seine Aufgabe nicht mehr nur der simplen Kauftätigkeit, sondern auch der Generierung Produktwertes. Dadurch werden die Kundenmeinungen zu einer wertvollen Quelle von Informationen über ein Produkt [DD13]. Zudem ist das Wissen, welches eine große Crowd durch ihre Bewertungen generieren kann, auch oftmals sehr präzise, wie bereits in den vorherigen Kapiteln veranschaulicht wurde.

4.2 Vergleichende Analyse zwischen den Prediction Markets und dem Crowdvoting

Diese Analyse soll zeigen, ob, beziehungsweise wie sehr sich die Prediction Markets und die Crowdvoting-Prozesse voneinander, aber auch von anderen Ideenfindungsprozessen abgrenzen lassen. So werden in Tabelle 4.2 die prinzipiellen Erwartungen und Probleme, die sich an all diese Crowd-basierten Techniken richten, aufgeführt.

Vergleicht man nun die Prediction Markets mit dem Crowdvoting, so lassen sich viele Gemeinsamkeiten aber auch gewisse Unterschiede finden. Bei den Prediction Markets wird also eine Vermutung abgegeben, mit welcher Wahrscheinlichkeit etwas geschehen wird. Mit einer Benotung (siehe am Beispiel Amazons) wird eine Kaufempfehlung erstellt, beispielsweise 4 von 5 Sternen. Diese sagt allerdings nicht aus, dass ein Kunde zu 80% dazu bereit ist, dieses Produkt zu kaufen. Es erzeugt lediglich eine Produktzufriedenheit von annähernd 80%. Daraus entwickelt sich bei einem weiteren Kunden eine nicht genau definierbare   Intention, dieses Produkt zu erwerben. Bei einem Prediction Market bewertet man jedoch nicht, welche Erfahrungen man mit dem Produkt gemacht hat, sondern stuft den Erfolg eines Produktes oder einer Dienstleistung ein. Demnach kann ein Preis von 0,80 $ sagen, dass der Händler bei Kauf dieses Anteils, mindestens von einer 80%-igen Eintrittswahrscheinlichkeit dieses Ereignisses ausgeht.

Anders als beim üblichem Crowdvoting werden bei den Prediction Markets Belohnungen vergeben. Es existieren bereits Formen des Crowdvotings, die seine Teilnehmer ebenfalls belohnt. Doch weil der Arbeitsaufwand hier nur sehr gering ist, sind die Prämien für gewöhnlich ebenfalls geringwertig. Belohnungen funktionieren bestenfalls in finanzieller Form. Es werden jedoch auch Beispiele für funktionsfähige Anreizmechanismen gezeigt, die Sachpreise als Belohnung bieten, vgl. Kapitel 3.1.

All diese Crowd-basierten Verfahren der Ideenfindung, die in Tabelle 4.2 genannt sind, machen sich die kollektive Intelligenz der Masse zu Nutze. Infolgedessen werden genauere Ergebnisse erzielt je mehr Teilnehmer partizipieren, da die selektive Streuung bei einer großen Anzahl an vorliegenden Ergebnissen geringer wird und man einen stabileren Wert erhält („Wisdom of the Crowd"-Effekt).

	Prediction Markets	Crowd-voting	Crowd-rating	Crowd-ranking
Nutzung der kollektiven Intelligenz	X	X	X	X
Anreizmechanismen				
Finanziell	X	O	O	O
Sachpreise	X	X	X	X
Geringer Arbeitsaufwand	X	X	(O)	(O)
Intuitive Entscheidung	O	X	X	X
(finanzielle) Risiken	X	O	O	O
Filtermechanismus mangelhafter Informationen	X	O	O	O
Spielsuchtgefahr	X	O	O	O
Generierung einer Rangliste	X	O	X	X
Austausch von Informationen der individuellen Teilnehmer	X	O	O	O
„Wisdom of the Crowd"-Effekt (größere Gruppen erzielen bessere Ergebnisse)	X	X	X	X

X = trifft zu   O = trifft nicht zu

Tabelle 4.2:   Erwartungen und Schwierigkeiten der Crowd-basierten Techniken zur Ideenfindung

Der Arbeitsaufwand ist bei diesen Techniken relativ gering, da der Teilnehmer theoretisch „aus dem Bauch heraus" entscheiden kann, welche Antwort er beim Crowdvoting wählt, ob er einen Anteil in einem Prediction Market kaufen will oder welche Antworten er beim Crowdrating oder -ranking bevorzugt. Doch wie bereits in Kapitel 2.2 erläutert, ist das Aussortieren schlechter Ideen erfahrungsgemäß bequemer als das Bewerten von guten Ideen [KG15]. Demnach lässt sich deuten, dass die Crowdrating und -ranking Verfahren durch eine Benotung einen leicht höheren Arbeitsaufwand von ihren Teilnehmern verlangen.

Doch bei allen Crowdsourcing-Prozessen kann die Antwort, die gegeben wird, intuitiv gewählt werden. Bei den Prediction Markets erfolgt die Stimmabgabe jedoch nicht intuitiv, da immer ein monetärer Reiz vorhanden ist. So hängt die Wahl des Kaufs oder des Verkaufs eines Anteils immer von dessen Preis ab und es entsteht ein finanzielles Risiko. Doch durch die Vergabe von Belohnungen jeglicher Form wird die Qualität der individuellen Antworten oder Stimmabgaben deutlich verbessert [SSS10]. Demnach beinhalten die Prediction Markets elementar einen Filtermechanismus für mangelhafte Informationen, da Händler hier einem finanziellen Risiko ausgesetzt sind, was bei den Crowdvoting-Prozessen üblicherweise nicht der Fall ist.

Dennoch ist die Funktionsweise eines Prediction Markets prinzipiell mit der eines Glücksspiels zu vergleichen. Bei einem Glücksspiel wird dem Teilnehmer die Möglichkeit gegeben, seine Vermutung für das Eintreffen eines Ereignisses festzulegen und eine beliebige finanzielle Summe auf dessen Abschluss zu setzen. Ein simples Beispiel ist das Roulette-Tischspiel, welches vor allem in Spielbanken wie Casinos angeboten wird. Das Roulette-Glücksrad besitzt achtunddreißig Felder. Man setzt eine beliebige Summe auf eine Zahl oder eine bestimmte Eigenschaft, beispielsweise, ob die Zahl rot oder schwarz sein wird. Dann wird eine Kugel in das Glücksrad geworfen und ein bestimmtes Feld wird zufällig ausgewählt. Anschließend werden die Gewinne ausgezahlt oder das Geld ist verloren und wird von der Spielbank einbehalten. Durch eine solche Form des Glücksspiels entstehen ernst zu nehmende gesundheitliche Probleme und jüngste Studien haben gezeigt, dass 1,6 bis 5,3% der Jugendlichen, die in Europa leben, bereits gesundheitliche Probleme aufweisen [MCVL14]. Diese Spielsucht bei Jugendlichen wurde nicht nur mit erheblichen gesundheitlichen, sondern auch mit psychologischen Problemen, wie beispielsweise Depressionen oder einer erhöhten Anfälligkeit für andere Süchte, in Verbindung gebracht [BWJ10].

Aufgrund dieser Glücksspiel-Ähnlichkeit wurden diesen Märkten verschärfte Regeln aufgelegt, denn wie bereits in Kapitel 3.1 erwähnt, hat die U.S. CFTS die Prediction Markets stark eingeschränkt. Die Crowdvoting-Prozesse hingegen sind nicht mit der Funktionsweise eines Glücksspiels zu vergleichen, da das Wählen teilweise intuitiv und ohne monetären Anreizmechanismus erfolgt.

Zudem ist noch festzuhalten, dass die Ergebnisse der Crowdvoting Verfahren die einzelnen Auswahlmöglichkeiten nicht auf einer Rangliste platzieren, wie es bei dem Crowdrating oder -ranking Verfahren der Fall ist. Man bewertet schlicht, ob beispielsweise ein Video oder ein Blogeintrag gut oder schlecht ist. Durch die Nutzung der Prediciton Markets kann jedoch auch eine Rangfolge der verschiedenen Aufträge abgelesen werden. Hat ein Auftrag einen Preis von 0,60 $ und ein zweiter hat einen Preis von 0,80 $, so lässt sich deuten, dass der zweite Auftrag eine höhere Eintrittswahrscheinlichkeit hat. So lassen sich diese Prognosen simpel auf einer Rangliste einordnen.

4.3 Ergebnisse

Schließlich zeigt diese Analyse und die Gegenüberstellung dieser Themengebiete die differenzierten Vor- und Nachteile des jeweiligen Anwendungsgebietes.
Es gibt keine exakte Vorgehensweise, mit der man das Wissen der Masse akkurat aggregieren kann, ohne gewisse Nachteile in Kauf zu nehmen. Dennoch wird
gezeigt, dass die Prediction Markets äußerst genaue Ergebnisse in der Vorhersage von Eventualitäten liefern und, dass die Crowdvoting-Prozesse bei der
Quantifizierung der Beliebtheit von Produkten oder Dienstleistungen helfen.

Weiterhin zeigt der Vergleich ebenfalls die Bedeutsamkeit von Belohnungen in
monetärer sowie materieller Form, da die Qualität der Antworten so erhöht werden kann. Existiert keine Form eines Anreizmechanismusses, sei es in Form von
Echtgeld, oder auch in Form von Sachpreisen oder ähnlichen vorgestellten Verfahren, so hat der Teilnehmer auch keine grundlegende Motivation, ein richtiges
Ergebnis zu erzielen und entscheidet intuitiv „aus dem Bauch heraus".

Abschließend kann gesagt werden, dass die vorgestellten Verfahren den „Wisdom of the Crowd"-Effekt in ihrer Funktionsweise integrieren. Es ist also festzuhalten, dass die Genauigkeit dieser Prognose- oder Ideenfindungsprozesse stark
von der Teilnehmerzahl des Prozesses abhängt. So ist bei einer hohen Anzahl
von Mitwirkenden eine vergleichsweise geringe Streuung der Antworten zu finden. Bei einer geringen Anzahl sind statistische Werte, wie Streuung oder Mittelwert schwankungsanfälliger, da in diesem Fall eine Person bereits einen größeren prozentualen Anteil an der Gesamtmasse ausmacht.

5 Zusammenfassung und Ausblick

Die Crowd-basierten Ideenfindungs- und Prognoseprozesse finden eine immer größer werdende Bedeutung und Anwendung in unserer heutigen globalisierenden, digitalen Welt.

In dieser Arbeit wurden die Unterschiede und Gemeinsamkeiten zwischen den Prediction Markets sowie den Crowdsourcing- und Crowdvoting-Verfahren herausgearbeitet. Es wurden zunächst die theoretischen Grundlagen, ein Literaturüberblick und der Stand der Forschung dieser beiden Themengebiete dargelegt. Abschließend wurden diese Techniken miteinander vergleichend analysiert.

Durch die immer genauer werdende Prognosegenauigkeit der Prediction Markets gilt es, diese effizienter zu untersuchen und anzuwenden. Durch die Prediction Markets kann ein Ereignis sehr genau prognostiziert werden, was für die Entscheidungsfindung von vielen Projekten von dominierendem Vorteil sein kann. Doch auch die Techniken des Crowdvotings werden in dieser Arbeit vorgestellt. So wird gezeigt, dass diese Prozesse mit einem sehr geringen Arbeitsaufwand in Verbindung gebracht werden können. Sie helfen besonders bei der Sortierung einer großen Menge von Daten.

5.1 Fazit

Die Zielsetzung dieser Arbeit bestand darin, die Vergleichbarkeit der Prediction Markets und des Crowdvotings auf Basis der recherchierten Literatur zu analysieren. Durch die verschiedenen Einsätze dieser Techniken in großen bekannten Unternehmen, wie beispielsweise Google oder Amazon, konnte ein tieferer Einblick in die Gebrauchsweisen dieser Abläufe gewonnen werden.

So zeigt diese Arbeit auch einen tieferen Einblick in den Gebrauch dieser Techniken, der in den letzten Jahren exponentiell zugenommen hat. Zudem wird auch deutlich, dass diese Techniken immer gewisse Nachteile in Kauf nehmen müssen. So werden beispielsweise bei der Prognose von politischen Ereignissen nicht immer alle relevanten Informationen berücksichtigt, was zu Fehlinterpretationen oder fehlerhaften Prognosen führen kann.

Dennoch verspricht der Einsatz und der Gebrauch der kollektiven Intelligenz zunehmend wichtiger werdende Anwendungsbereiche der Prediction Markets und der Crowdsourcing-Prozesse.

5.2 Ausblick

Aus den Erkenntnissen dieser Arbeit haben sich interessante Fragestellungen ergeben. So lassen sich auf die Anwendungsbreiten der Prediction Markets und des Crowdvotings präzisere Einsätze von Anreizmechanismen oder Arbeitserleichterungen durch eine Auswahl an zu bearbeitenden Aufgaben anwenden. Daraus lässt sich schließen, dass das Interesse der unterschiedlichen Unternehmen groß ist, diese Arten der Informationsgewinnung in ihre Wertschöpfungsprozesse zu integrieren. So wird der Kunde gewissermaßen in den Innovationsprozess eingebunden.

Mit der Anwendung der Prediction Markets wurden die partizipierenden Individuen generell für die Teilnahme und nicht für die Genauigkeit ihrer Ergebnisse, entlohnt. Es existieren bereits Studien, die den Effekt von Echtgeld- und Spielgeldmärkten untersucht haben. So sind [SWPG04] zu dem Schluss gekommen, dass monetäre Belohnungen keinen Effekt in der Genauigkeit der Märkte haben. [RN06] haben hingegen gezeigt, dass die Vergabe von Echtgeld-Belohnungen bessere Prognosen erzeugt. Zusammenfassend ist es vertretbar anzunehmen, dass die Akkuratesse durch die Einführung von monetären Belohnungen verbessert wird, doch da die Verzerrung dieser beiden Methoden so gering ist, können Unternehmen, die Märkte mit Sachpreisen als Anreizmechanismus nutzen, ebenfalls hochwertige und genaue Ergebnisse erzielen [CZ15].

Auch die zukünftige Entwicklung in der Crowdsourcing-Praxis verspricht Potential. Bei den in dieser Arbeit vorgestellten Crowdsourcinganwendungen, stellt das Internet die zentrale Infrastruktur für die Interaktionen zwischen Crowdsourcer und Crowdsourcee dar. Durch die zunehmende Vielfalt des Internets, beispielsweise durch die Einführung der Smartphones, werden sich in Zukunft vermehrt mobile Möglichkeiten zur Realisierung des Crowdsourcings ergeben. Ein Beispiel hierfür stellt die Smartphone App VizWiz[15] dar. Diese Applikation ermöglicht sehbehinderten Menschen, eine Hilfestellung von der Crowd zu bekommen. Beispielsweise kann der Sehbehinderte in einem Supermarkt ein Foto von einem Regal, in dem verschiedene Produkte stehen, über eine Internetplattform an die Crowd senden. Dieses Bild kann zusammen mit einer aufgezeichneten Frage versendet werden, zum Beispiel danach, wo ein bestimmter Artikel im Regal genau steht. Die Crowd sendet dem Crowdsourcer dann eine Antwort auf das Smartphone [BL11].

Das Prinzip ist dabei immer analog: Intermediäre nutzen den Arbeitsaufwand der Crowd, um die entstehenden Ergebnisse an die Wissenssuchenden zu veräußern.

---

[15] http://www.vizwiz.org

6   Literaturverzeichnis

[AFGH08]   Arrow, K.J.; Forsythe, R.; Gorham, M.; Hahn, R.; Hanson, R.;
              Ledyard, J.; Levmore, S.; Litan, R.; Milgrom, P.; Nelson, F.D.;
              Neumann, G.R.; Ottaviani, M.; Schelling, T.C.; Schiller, R.J.;
              Smith, V.L.; Snowberg, E.; Sunstein, C.R.; Tetlock, P.C.; Tet-
              lock, P.E.; Varian, H.R.; Wolfers, J.; Zitzewitz, E.: The promise
              of prediction markets. Science, 2008

[Arms01]   Armstrong, J.S.: Principles of Forecasting: A Handbook for Re-
              searchers and Practitioners. Kluwer Academic Publishers, 2001

[ARS08]   Alonso, O.; Rose, D.E.; Stewart, B.: Crowdsourcing for rele-
              vance evaluation. ACM SIGIR Forum, 2008

[ARSS15]   Atanasov, P.; Rescober, P.; Stone, E.; Swift, S.A.; Servan-
              Schreiber, E.; Tetlock, P.; Ungar, L.; Mellers, B.: Distilling the
              Wisdom of Crowds: Prediction Markets versus Prediction Polls.
              Management Science, 2015

[Bell09]   Bell, T.W.: Private Prediction markets and the law. Journal of
              Prediction Markets, 2009

[BFNR08]   Berg, J.E.; Forsythe, R.; Nelson, F.D.; Rietz, T.A.: Results from
              a dozen years of election futures markets research. Handbooks
              in Economics series, 2008

[BKV09]   Barjis, J.; Kolfschoten, G.; Verbraeck, A.: Colloborative enter-
              prise modeling. Business Information Processing, 2009

[BL11]   Bigham, J.P.; Ladner, R.E.: What the Disability Community Can
              Teach Us About Interactive Crowdsourcing. Interactions, 2011

[BNR08]   Berg, J.E.; Nelson, F.D.; Rietz, T.A.: Prediction market accuracy
              in the long run. International Journal of Forecasting, 2008

[BNR09]   Berg, J.E.; Neumann, G.R.; Rietz, T.A.: Searching for Google's
              Value: Using prediction markets to forecast market capitaliza-
              tion prior to an initial public offering. Management Science,
              2009

[BR03]   Berg, J.E.; Rietz, T.A.: Prediction Markets as Decision Support
              Systems. Information Systems Frontiers, 2003

[Bret11]   Bretschneider, U.: Die Ideen Community zur Integration von
              Kunden in die frühen Phasen des Innovationsprozesses: Empi-
              rische Analysen und Implikationen für Forschung und Praxis.
              Springer Verlag, 2011

[Brie50]   Brier, G.: Verification of forecasts expressed in terms of proba-
              bility. Monthly Weather Review, 1950

[Buck16]   Buckley, P.: Harnessing the wisdom of crowds: Decision spaces
              for prediction markets. Business Horizons, 2016

[BWJ10]   Blinn-Pike, L.; Worthy, S.L.; Jonkmann, J.N.: Adolescent gamb-
              ling: A review of an emerging field of research. Journal of Ado-
              lescent Health, 2010

[CC07]   Creswell, J.W.; Clark, V.L.P.: Designing and Conducting Mixed
              Methods Research. Wiley Online Library, 2007

[CFH04]   Chen, K.Y.; Fine, L.R.; Huberman, B.A.: Eliminating public
              knowledge biases in information-aggregation mechanisms. Ma-
              nagement Science, 2004

[CP02]   Chen, K.Y.; Plott, C.R.: Information Aggregation Mechanisms:
              Concept, Design and Implementation for a Sales Forecasting
              Problem. Social Science, 2002

[CWZ09]   Cowgill, B.; Wolfers, J.; Zitzewitz, E.: Using Prediction Markets
              to Track Information Flows: Evidence from Google. Dartmouth
              College, 2009

[CZ15]   Cowgill, B.; Zitzewitz, E.: Corporative Prediction Markets: Evi-
              dence from Google, Ford, and Firm X. The Review of Economic
              Studies, 2015

[DD13]   Djelassi, S.; Decoopman, I.: Customers' participation in product
              development through crowdsourcing: Issues and implications.
              Industrial Marketing Management, 2013

[Denn96]   Dennis, A.R.: Information exchange and use in group decision
              making: you can lead a group to information, but you can't
              make it think. MIS Quarterly 20, 1996

[Down57]   Downs, A.: An Economic Theory of Democracy. Harper & Row,
              1957

[ECS16]   Eldon, Y.L.; Chen-Yuan, T.; Shu-Hsun. C.: The wisdom of
              crowds in action: Forecasting epidemic diseases with a web-ba-
              sed prediction market system. International Journal of Medical
              Informatics, 2016

[Elbe07]   Elberse, A.: The power of stars: do star actors drive the success
              of movies? Journal of Marketing, 2007

[Epp17]   Epp, D.A.: Public Policy and the Wisdom of Crowds. Cognitive
              Systems Research, 2017

[FNNW92]   Forsythe, R.; Nelson, F.; Neumann, G.; Wright, J.: Anatomy of
              an Experimental Political Stock Market. American Economic
              Review, 1992

[Forb05]   Why Companies need your ideas – How they're tapping custo-
              mers to develop new products. Forbes, 2005

[GG88]   Gordon, T.J.; Greenspan, D.: Chaos and Fractals: New Tools
              for Technological and Social Forecasting. Technological Fore-
              casting and Social Change, 1988

[GH05]   Grossman, G.; Helpman, E.: Outsourcing in a Global Economy.
              Review of Economic Studies, 2005

[GKO05]   Garthwaite, P.H.; Kadane, J.B.; O'Hagan, A.: Statistical me-
              thods for eliciting probability distributions. Journal oft he Ameri-
              can Statistical Association, 2005

[GRFS12]   Geiger, D.; Rosemann, M.; Fielt, E.; Schader, M.: Crowdsour-
              cing information systems – definition, typology, and design. In-
              ternational Conference on Information Systems, 2012

[Gros81]   Grossman, S.J.: An introduction to the theory of rational ex-
              pectations under asymmetric information. Review on Economic
              Studies, 1981

[GS14]   Geiger, D.; Schader, M.: Personalized task recommendation in
              crowdsourcing information systems – Current state of the Art.
              Decision Support Systems, 2014

[GS80]   Grossman, S.J.; Stiglitz, J.E.: On the impossibility of informatio-
              nally efficient markets. American Economic Review, 1980

[Haye45]   Hayek, F.A.V.: The use of knowledge in society. American Eco-
              nomic Review, 1945

[HH12]   Hammon, L.; Hippner, H.: Crowdsourcing. Business & Informa-
              tion Systems Engineering, 2012

[HH16]   Hartley, J.S.; Hasset, K.A.: Statiscally measuring 2016 presi-
              dential candidate electability: Evidence from prediction markets.
              AEI Economics Working Paper, 2016

[HMAS15]	Hosseini, M.; Moore, J.; Almaliki, M.; Shahri, A.; Phalp, K.; Ali, R.: Wisdom oft he Crowd within enterprises: Practices and challenges. Computer Networks, 2015
[Howe06]	Howe, J.: The Rise of Crowdsourcing. Wired Magazine, 2006
[Howe08]	Howe, J.: Crowdsourcing: Why the Power of the Crowd is Driving the Future of Business. Crown Business, 2008
[Howe10-ol]	Howe, J.: Webblog von Jeff Howe. http://www.crowdsourcing.com, Abruf: 26.01.2017
[HS03]	Härdle, W.; Simar, L.: Applied Multivariate Statistical Analysis. Springer Verlag, 2003
[HW10]	Heinzelman, J.; Waters, C.: Special report tot he United States Institute of Peace. 2010
[KKS14]	Kim, Y.; Kim, W.; Shim, K.: Latent ranking analysis using pairwise comparisons. ICDM, 2014
[KKS16]	Kim, Y.; Kim, W.; Shim, K.: Latent ranking analysis using pairwise comparisons in crowdsourcing platforms. Information Systems, 2016
[KLW11]	Kagermann, H.; Lukas, W.D.; Wahlster, W.: Industrie 4.0: Mit dem Internet der Dinge auf dem Weg zur 4. Industriellen Revolution. VDI nachrichten, 2011
[KN14]	Klebe, T.; Neugebauer, J.: Crowdsourcing: Für eine Handvoll Dollar oder Workers of the crowd unite? Arbeit und Recht Jg.1, 2014
[KG15]	Klein, M.; Garcia, A.: High-speed idea filtering with the bag of lemons. Decision Support Systems, 2015
[KSA93]	Kumar, N.; Stern, L.W.; Anderson, J.C.: Conducting interorganizational research using key informants. Academy of Management Journal, 1993
[LB11]	Leimeister, J.M.; Bretschneider, U.: Crowdsourcing. Fachlexikon Technologie- und Innovationsmanagement, 2011
[Leim12]	Leimeister, J.M.: Crowdsourcing: Crowdfunding, Crowdvoting, Crowdcreation. Zeitschrift für Controlling und Management, 2012
[Leim15]	Leimeister, J.M.: Einführung in die Wirtschaftsinformatik. Springer Gabler Verlag, 2015

[LHBK09]   Leimeister, J.M.; Huber, M.; Bretschneider, U.; Krcmar, H.: Leveraging Crowdsourcing: Activation-Supporting Components for IT-Based Ideas Competitions. Journal of Management Information Systems, 2009

[LZ13]   Leimeister, J.M.; Zogaj, S.: Neue Arbeitsorganisation durch Crowdsourcing. Hans-Böckler-Stiftung, 2013

[LZB14]   Leimeister, J.M.; Zogaj, S.; Blohm, I.: Crowdwork – digitale Wertschöpfung in der Wolke: Ein Überblick über die Grundlagen, die Formen und den aktuellen Forschungsstand. Bund-Verlag, 2014

[Malk03]   Malkiel, B.G.: The efficient market hypothesis and ist critics. Journal of Economic Perspectives, 2003

[MCVL14]   Molinaro, S.; Canale, N.; Vieno, A.; Lenzi, M.; Siciliano, V.; Gori, M.; Santinello, M.: Country- and individual-level determinants of probable problemtatic gambling in adolescence: A multi-level cross-national comparison. Addiction, 2014

[MES13]   Munro, R.; Erle, S.; Schnoebelen, T.: Quality Analysis After Action Report for the Crowdsourced Aerial Imagery Assessment following Hurricane Sandy. International ISCRAM Conference, 2013

[ML15]   Mack, T.; Landau, C.: Winners, losers, and deniers: Self-election in crowd innovation contests and the roles of motivation, creativity, and skills. Journal of Engineering and Technology Management, 2015

[MLV08]   Martin, N.; Lessman, S.; Voß, S.: Crowdsourcing: Systematisierung praktischer Ausprägungen und verwandter Konzepte. Tagungsband der Multi-Konferenz Wirtschaftsinformatik (MKWI), 2008

[MS12]   Michelis, D.; Schildhauer, T.: Social Media Handbuch – Theorien, Methoden, Modelle und Praxis. Nomos, 2012

[MS82]   Milgrom, P.; Stokey, N.: Information, trade and common knowledge. Journal of Economic Theory, 1982

[Munr12]   Munro, R.: Crowdsourcing and the Crisis-Affected Community: Lessons Learned and Looking Forward from Mission 4636. Journal of Infectious Diseases, 2012

[Oina08]   Oinas-Kukkonen, H.: Network analysis and crowds of people as sources of new organisational knowledge. Informing Science Press, 2008

[Ostr05]   Ostrover, S.: Employing information markets to achieve truly
             colloborative sales forecasting. Journal of Business Forecas-
             ting, 2005

[PC13]   Page, L.; Clemen, R.: Do prediction markets produce well
             calibrated probability forecasts? Economic Journal, 2013

[Pier00]   Pierre, J.: Debating Governance: Authority, Steering and De-
             mocracy. Oxford University Press, 2000

[Pike14]   Pikes Peak Wildfire Prevention Partners: Black Forest Fire As-
             sessment Team. Report tot he Governor of Colorado, 2014

[PLGN01]   Pennock, D.M.; Lawrence, S.; Giles, C.L.; Nielsen, F.A.: The
             real power of artificial markets. Science, 2001

[Plot00]   Plott, C.R.: Markets as information gathering tools. Southern
             Economic Journal, 2000

[PNN07]   Polgreen, P.M.; Nelson, F.D.; Neumann, G.R.: Use of prediction
             markets to forecast infectious disease activity. Clinical Infecti-
             ous Diseases, 2007

[PS12]   Poetz, M.K.; Schreier, M.: The value of crowdsourcing: can use-
             res really compete with professionals in generating new product
             ideas. Journal of Product Innovation Management, 2012

[PS15]   Page, L.; Siemroth, C.: An experimental analysis of information
             acquisition in prediction markets. Games and Economic Beha-
             vior, 2015

[PS82]   Plott, C.R.; Sunder, S.: Efficiency of experimental security mar-
             kets with insider information: an application of rational-expecta-
             tions models. Journal of Political Economy, 1982

[PS88]   Plott, C.R.; Sunder, S.: Rational expectations and the aggrega-
             tion of diverse information in laboratory security markets. Eco-
             nometrica, 1988

[PSKM15]   Prpic, J.; Shukla, P.P.; Kietzmann, J.H.; McCarthy, I.P.: How to
             work a crowd: developing crowd capital through crowdsourcing.
             Business Horizons, 2015

[PWE12]   Pelzer, C.; Wenzlaff, K.; Eisfeld-Reschke, J.: Crowdsourcing
             Report 2012 – Neue Digitale Arbeitswelten. Crowdourcin-
             Blog.de, 2012

[Ricc16]   Riccardi, M.T.: The power of crowdsourcing in disaster
             response operations. International Journal of Disaster Risk Re-
             duction, 2016

[RN06]	Rosenbloom, E.; Notz, W.: Statistical tests of real money versus play money prediction markets. Electronic Markets, 2006
[Rous10]	Rouse, A.C.: A Preliminary Taxonomy of Crowdsourcing. Australian Conference on Information Systems, 2010
[RP09]	Reichwald, R.; Piller, F.: Interaktive Wertschöpfung: Open Innovation. Individualisierung und neue Formen der Arbeitsteilung, 2009
[RS04]	Rhode, P.W.; Strumpf, K.S.: Historical presidential betting markets. Journal of Economic Perspectives, 2004
[SDAC16]	Special District Association of Colorado: Governor Hickenlooper declares disaster emergency for additional eight Colorado Counties. 2016
[SG09]	Schenk, E.; Guittard, C.: Crowdsourcing: Whan can be Outsourced to the Crowd, and Why? Sciences de l'Homme et de la Société, 2009
[SP11]	Starbird, K.; Palen, L.: Voluntweeters: self-organizing by digital volunteers in times of crisis. Conference on Human Factors in Computing Systems, 2011
[SS07]	Surowiecki, J.; Silverman, M.P.: The wisdom of crowds. American Journal of Physics, 2007
[SS09]	Spann, M.; Skiera, B.: Sports forecasting: a comparison of the forecast accuracy of prediction markets, betting odds and tipsters. Journal of Forecasting, 2009
[SSS10]	Soukhoroukova, A.; Spann, M.; Skiera, B.: Sourcing, Filtering, and Evaluating New Product Ideas: An Empirical Exploration of the Performance of Idea Markets. Journal of Product Innovation Management, 2010
[Suro05]	Surowiecki, J.: The Wisdom of Crowds. Anchor Books, 2005
[SVP05]	Shawney, M.; Verona, G.; Prandelli, E.: Collaborating to create: the Internet as a platform for customer engagement in product innovation. Journal of Interactive Marketing, 2005
[SWPG04]	Servan-Schreiber, E.; Wolfers, J.; Pennock, D.M.; Galebach, B.: Prediction Markets: Does Money Matter? Electronic Markets, 2004
[SWZ05]	Snowberg, E.; Wolfers, J.; Zitzewitz, E.: Information (In)efficiency in Prediction Markets. Cambridge University Press, 2005

[SWZ13]   Snowberg, E.; Wolfers, J.; Zitzewitz, E.: Prediction Markets for
             Economic Forecasting. Handbook of Economic Forecasting,
             2013

[VSLS10]   Van Bruggen, G.H.; Spann, M.; Lilien, G.L.; Skiera, B.: Predic-
             tion Markets as institutional forecasting support systems. Deci-
             sion Support Systems, 2010

[Vuko09]   Vukovic, M.: Crowdsourcing for Enterprises. World Conference
             on Services, 2009

[WB14]   West, J.; Bogers, M.: Leveraging external sources of innova-
             tion: a review of research on open innovation. Journal of Pro-
             duct Innovation Management, 2014

[Webe13]   Weber, R.H.: Internet of Things – Governance quo vadis?.
             Computer Law and Security Review, 2013

[Weiß12-ol] Weißenborn, C.: Crowdsourcing in den USA – was Start-ups
             hüben von drüben lernen können. https://www.deutsche-star-
             tups.de/2012/04/02/Crowdsourcing-in-den-usa-was-start-ups-
             hueben-von-drueben-lernen-koennen/, Abruf: 02.03.2017

[WHO12-ol]   WHO: WHO Technical Working Group on Creation of an Oral
             Cholera Vaccine Stockpile.
             http://apps.who.int/iris/bitstream/10665/75240/1/WHO_HSE_PE
             D_2012_2_eng.pdf, Abruf: 26.02.2017

[WS15]   Wherry, F.F.; Schor, J.B.: The SAGE Encyclopedia of Econo-
             mics and Society. Sage Journals, 2015

[WZ04]   Wolfers, J.; Zitzewitz, E.: Prediction Markets. Journal of Econo-
             mic Perspectives, 2004

[YKL11]   Yuen, M.C.; King, I.; Leung, K.S.: A Survey of Crowdsourcing
             Systems. International Conference on Privacy, Security, Risk,
             and Trust, 2011

[YP11]   Yates, D.; Pacquette, S.: Emergency knowledge management
             and social media technologies: a case study of the 2010 Haitian
             earthquake. International Journal of Information Management,
             2011

[YZFR14]   Yang, D.; Zhang, D.; Frank, K.; Robertson, P.; Jennings, E.;
             Roddy, M.; Lichtenstern, M.: Providing real-time assistance in
             disaster relief by leveraging crowdsourcing power. Personal
             and Ubiquitous Computing, 2014

[ZBL14]   Zogaj, S.; Bretschneider, U.; Leimeister, J.M.: Managing Crowd-sourced Software Testing – A Case Study Based Insight on the Challenges of a Crowdsourcing Intermediary. Journal of Business Economics, 2014

[ZCW00]   Zenios, S.A.; Chertow, G.M.; Wein, L.M.: Dynamic allocation of kidneys to candidates on the transplant waiting list. Operations Research, 2000

www.ingramcontent.com/pod-product-compliance
Lightning Source LLC
La Vergne TN
LVHW092353060326
832902LV00008B/1007